I0244407

BIBLIOTHÈQUE DE ROMANS
à 1 franc le volume.

LES AMOUREUX
DE
SAINTE-PÉRINE

PAR

CHAMPFLEURY

PARIS
E. PLON ET Cⁱᵉ, IMPRIMEURS-ÉDITEURS
RUE GARANCIÈRE, 10

LES AMOUREUX

DE

SAINTE-PÉRINE

E. PLON et Cie, Imprimeurs-Éditeurs, 10, rue Garancière, Paris.

BIBLIOTHÈQUE DE ROMANS
A 1 FRANC LE VOLUME

EN VENTE :

Léon Gozlan. — Histoire de cent trente femmes, 1 vol.

— Les Martyrs inconnus, 1 vol.

Champfleury. — La Succession Le Camus, 1 vol.

— Les Amoureux de Sainte-Périne, 1 vol.

Mie d'Aghonne. — Mémoires d'un Chiffonnier, 1 vol.

Ernest Daudet. — Dolorès, 1 vol.

— Madame Sylvani, 1 vol.

— La Tour des Maures, 1 vol.

Emm. Gonzalès. — Les Sabotiers de la forêt Noire, 1 vol.

— Une Princesse russe, 1 vol.

— La Belle Novice, 1 vol.

Élie Berthet. — Le Pacte de famine, 1 vol.

— Les Drames du Cloître, 1 vol.

Charles Deslys. — Le Mesnil-au-Bois, 1 vol.

— La Majorité de Mlle Bridot, 1 vol.

F. du Boisgobey. — Le Tambour de Montmirail, 1 vol.

Hippolyte Audeval. — Les Fraudeurs, 1 vol.

Constant Guéroult. — La Bande Graaft, 1 vol.

Pierre Zaccone. — Le Courrier de Lyon, 1 vol.

A. de Lavergne. — Le Lieutenant Robert, 1 vol.

— Épouse ou Mère, 1 vol.

Ponson du Terrail. — Le Grillon du Moulin, 1 vol.

— Le Chambrion, 1 vol.

Paul Saunière. — Dette d'honneur, 1 vol.

H. de la Madelène. — Les Fonds perdus, 1 vol.

Raoul de Navery. — Une Erreur judiciaire, 1 vol.

Adrien Robert. — Le Combat de l'Honneur, 1 vol.

Armand Lapointe. — Le Bonhomme Misère, 1 vol.

POUR PARAITRE PROCHAINEMENT :

Élie Berthet. — La Bastide rouge, 1 vol.

EN PRÉPARATION :

Romans de MM. H. Audeval, Élie Berthet, F. du Boisgobey, Ernest Daudet, Charles Deslys, Constant Guéroult, Raoul de Navery, Emmanuel Gonzalès, A. de Lavergne, Ponson du Terrail, Paul Saunière, Pierre Zaccone, etc., etc.

LES AMOUREUX

DE

SAINTE-PÉRINE

PAR

CHAMPFLEURY

PARIS
E. PLON ET Cⁱᵉ, IMPRIMEURS-ÉDITEURS
10, RUE GARANCIÈRE
—
Tous droits réservés

PRÉFACE

La première édition des *Amoureux de Sainte-Périne* parut précédée de l'Avertissement suivant :

« Toute la grâce que je te demande, lecteur, c'est qu'après t'avoir bien adverty qu'il n'y a rien que de fabuleux dans ce livre, tu n'ailles point rechercher vainement quelle est la personne dont tu croiras reconnoistre le portrait ou l'histoire, pour l'appliquer à monsieur un tel ou à mademoiselle une telle, sous prétexte que tu y trouveras un nom approchant ou quelque caractère semblable. Je sçais bien que le premier soin que tu auras, en lisant ce roman, ce sera d'en chercher la clef; mais elle ne te servira de rien, car la serrure est mêlée. Si tu crois voir le portrait de l'un, tu trouveras les adventures de l'autre : il n'y a point de peintre qui, en faisant un tableau avec le seul secours de son imagination, n'y fasse des visages qui auront de l'air de quelqu'un que nous connoissons, quoy qu'il n'ait eu dessein de peindre des héros fabuleux. Ainsi, quand tu appercevrois dans ces personnages dépeints quelques caractères de quelqu'un de ta connoissance, ne fay point un jugement temeraire pour dire que ce soit luy; prends plus tost garde que, comme il y a icy les portraits de plusieurs sortes de sots, tu n'y rencontres le tien ; car il n'y a presque personne qui ait le privilége d'en estre exempt, et qui n'y puisse remarquer quelque trait de son visage, moralement parlant.

« Antoine FURETIÈRE. »

PRÉFACE.

En mettant les *Amoureux de Sainte-Périne* sous la protection de l'auteur du *Roman bourgeois*, c'était donner à entendre au public que la publication de ces études dans le journal *la Presse* n'avait pas passé sans orages : ils étaient noirs, en effet, menaçants et administratifs.

Un naïf employé supérieur de l'Assistance publique, prenant les romanciers pour des sténographes qui enregistrent les confidences du public, avait signalé l'auteur au ministre de l'intérieur, comme traduisant les petits scandales qui se produisent dans toute agglomération d'individus.

Traité en *reporter* plutôt qu'en conteur, l'auteur n'eut pas de peine à se justifier, et, grâce à la liberté qui régentait les feuilles publiques en 1858, le roman, publié aux trois quarts, dut être terminé en feuilleton le jour même.

Cette mesure contribua peut-être à enfoncer dans le mur le clou auquel il est si difficile d'accrocher les œuvres de quelque durée.

Les *Amoureux de Sainte-Périne* continuèrent plus tard à se prodiguer leurs tendresses, protégées par la couverture d'un volume, et l'auteur eut la bonne fortune d'échapper à la police correctionnelle, qui devait consacrer la réputation d'un romancier, son confrère, et de son ami, le poëte des *Fleurs du mal*.

Il resterait donc peu à dire sur le livre actuel, innocenté par l'opinion, si les années rapides et bizarres de l'Empire ne lui avaient imprimé, en moins de quinze ans, le cachet historique dont se plaignait le naïf employé de l'Assistance publique.

Sous la volonté d'un préfet protégé par le chef de l'État, Paris se transforma complétement en certains endroits. La ceinture de boulevards extérieurs devint boulevards intérieurs; les longues voies solitaires, où se rencontraient parfois des êtres qui demandaient l'heure au passant attardé et le remerciaient du renseignement avec un coup de bâton sur la téte, furent peuplées d'hôtels élégants élevés avec la rapidité d'un homme possesseur de la *lampe merveilleuse*.

Le roman des *Amoureux de Sainte-Périne* avait été publié ayant pour premiers plans les jardinets du quartier de Chaillot, les barrières désertes de ce coin particulier, les plâtreux horizons parisiens vus de hauteurs verdoyantes.

Le curieux qui prendrait le conteur pour guide courrait grand risque de ne pas retrouver son chemin, tracé dans le premier chapitre.

L'Institution de Sainte-Périne n'existe plus dans le Paris des Champs-Élysées. Rejeté avec raison à Auteuil, éloigné des agitations de la ville, l'établissement a trouvé de l'air, des verdures, un calme que ne lui offraient ni le voisinage du bal du Château des Fleurs, ni la poussière des attelages allant parader au bois de Boulogne.

Les conditions de la vie subirent également la transformation de l'Institution. Le modique revenu de 750 francs qu'on exigeait des pensionnaires avant cette époque devint à peine suffisant pour l'entrée aux Petits-Ménages, car un louis, sous l'Empire, représenta à peu près la pièce de cinq francs du gouvernement constitutionnel.

L'Institution de Sainte-Périne changea de résidence et non de passions. La réalité des peintures est restée la même, et l'auteur n'a eu rien à y modifier, trop heureux qu'un changement de décor le protége désormais contre des récriminations puériles et administratives.

CHAMPFLEURY.

Sèvres, novembre 1873.

LES AMOUREUX
DE
SAINTE-PÉRINE

CHAPITRE PREMIER

Je ne sais ce que d'autres auront retiré de l'immense accumulation de peintures et de sculptures à l'Exposition universelle de 1855 ; pour moi, je fus particulièrement étourdi, après une course haletante au milieu de toutes ces manifestations artistiques de l'Europe entière.

On assistait à une liquidation intellectuelle d'un demi-siècle, et je me sentis pris d'une certaine mélancolie en pensant que le rôle des maîtres, qui avaient passionné la foule pendant trente ans, était à peu près terminé. C'étaient leurs œuvres complètes que venaient d'exposer d'illustres peintres ; à partir de ce moment, ils n'appartenaient plus aux époques militantes et nouvelles. L'heure du repos venait de sonner pour eux.

Ce qui me confirma dans cette idée fut que la jeunesse avait été étouffée au milieu d'un si grand concours : aucun artiste nouveau ne se révéla et ne pouvait se révéler. Avant tout, le public cherchait à se rendre compte de l'œuvre entière d'un maître pendant une trentaine d'années, et si la comparaison amena quelques discussions, il s'agissait plutôt d'oppositions artistiques entre les peuples étrangers dont les œuvres étaient peu connues jusqu'alors. Le tempérament anglais et le tempérament français, les tendances symboliques allemandes et la scrupuleuse imitation de la nature, telle qu'on la comprend aujourd'hui, voilà ce qui préoccupait les esprits. A cette heure, les fameuses querelles entre les romantiques et les classiques étaient déjà si lointaines que les plus fougueux jadis, ceux qui parlaient d'égorger Eugène Delacroix au nom de M. Ingres, en arrivaient à une quiétude d'esprit qui leur permettait d'admirer les qualités des deux chefs de l'école française. On ne discute pas impunément pendant trente ans.

Cet éclectisme, cette tranquillité, cette constatation d'œuvres consacrées désormais ne me suffisaient pas. Après une course d'ensemble qui m'avait permis de constater l'état de l'art en 1855, j'étais avide de découvrir des œuvres nouvelles, nécessairement étouffées sous les immenses collections qui couvraient peut-être deux lieues de murailles. Je visitai minutieusement les salles consacrées à chaque pays; sauf les envois de l'Angleterre, rien ne me parut mériter de nouvelles visites.

J'allais sortir de l'Exposition, un peu mélancolique de n'avoir été remué par aucune œuvre nouvelle, lorsque je fus frappé à la vue d'un petit tableau, placé dans le coin d'une sorte d'antichambre où avaient été rejetées les toiles qui ne valaient pas la peine d'être exposées.

Une petite dame âgée était assise devant un piano de forme primitive; ses doigts maigres plaquaient des accords sur une mélodie que faisait entendre un vieillard aux cheveux gris, jouant du violon.

Tel était extérieurement ce tableau qui me remplit d'une des plus touchantes émotions que j'aie éprouvées de ma vie. Tout en jouant du piano, la vieille dame détournait un peu la tête et envoyait au violoniste un sourire attendrissant que le peintre avait rendu avec délicatesse. La vie tout entière de ces deux aimables bourgeois se dévoilait dans un cadre modeste. Les boiseries grises du salon, dont la monotonie était rompue par un portrait au pastel accroché au-dessus du piano, la forme du piano lui-même, le costume des deux époux (ils étaient certainement mariés), le chat accroupi sur un tabouret, semblant se livrer à de profondes réflexions, la forme oblongue du cahier de musique, mais surtout le regard de la vieille dame, tout servait à lire leur histoire.

Si quelquefois je me suis repenti d'avoir perdu un temps précieux à étudier les arts au lieu de me plonger dans les sciences, à cette heure j'étais ravi de pouvoir lire sur cette toile comme dans un livre, certain que j'avais un *portrait* devant mes yeux et non un *tableau*. Ces deux musiciens étaient mariés et s'aimaient encore après quarante ans de mariage. S'aimer, je devrais dire s'adorer.

Matériellement, la peinture des portraits me parut de peu d'importance ; ce n'était pas un pinceau rompu aux grands secrets de l'art. Pourquoi le tableau était-il si vivant? Par quelle raison était-il accroché pour la vie dans mon cerveau, sinon par un *sentiment* profond de la part du peintre, sentiment explicable seulement par une longue liaison avec ses modèles? Oui, je ne pouvais en douter, le peintre était le contemporain et l'ami des deux musiciens. Un jeune homme n'eût pu rendre l'affection profonde des deux vieillards; un maître habile eût sacrifié l'expression à de savantes combinaisons de palette.

Certaines maladresses donnaient à penser que le portrait n'avait pas été peint en présence des modèles. J'en conclus que le peintre fit une *surprise* à ses vieux amis pour le leur offrir en cadeau.

Un moment la pensée me vint que la vieille dame, d'accord avec le peintre, avait peut-être offert ce portrait à son mari le jour de sa fête; mais elle n'eût pas combiné le portrait de la sorte. Elle eût voulu seulement l'image de celui qu'elle aimait; elle ne se savait pas intéressante au piano; elle n'eût pas compris le charme de ce portrait historié. C'était évidemment une personne douce et simple, partageant son temps entre l'affection pour son mari et les occupations domestiques. Pour musicienne, elle l'était, mais seulement une fois par semaine : un duo devait être un grand divertissement dans son existence tranquille. J'aurais pu jurer quelle sorte de musique charmait les époux : Haydn, ses contemporains et les petits compositeurs français, aujourd'hui ignorés, qui ont écrit nombre de *pièces* faciles pour le violon et le *forte-piano*. Les personnages de ce drame touchant ne connaissaient pas la musique hérissée de difficultés, trop souvent fiévreuse et maladive, que l'Allemagne nous a envoyée à la suite de Beethoven; ils n'auraient pu la comprendre; ils aimaient les mélodies simples et claires comme ces petits ruisseaux tranquilles au fond desquels s'aperçoivent des cailloux polis.

J'hésitai longtemps à placer le domicile des époux dans l'île Saint-Louis ou aux environs de la place Royale; mais je me trompais dans l'un et l'autre cas, comme on le verra.

Pourquoi ce tableau se trouvait-il là? Comment l'honnête artiste avait-il exposé en 1855 un petit portrait, si dépaysé au milieu des immenses toiles envoyées par toute l'Europe? C'est ce qui me donna à travailler; cependant j'en conclus que, placé dans l'appartement des époux, le portrait avait fait l'admiration de tous ceux qui le voyaient. Le peintre fut complimenté : chacun était frappé de la vive expression des musiciens; pressé de toutes parts, le peintre envoya le portrait à cette exposition universelle dont l'annonce faisait grand bruit.

J'allai souvent revoir la modeste toile, certain d'être seul dans ce corridor mal éclairé qui semblait servir de débarras au trop-plein du musée. Personne que moi, je puis l'affirmer, ne remarqua le petit tableau; dans mon égoïsme, j'en étais presque heureux. Qui pouvait le comprendre? Sont-ce ceux qui dissertent de la ligne, de la couleur, de la composition, du clair-obscur, des empâtements et des frottis, toutes qualités matérielles absentes de *mon* tableau? Mais il avait en lui une force plus durable, réveillant des sensations intimes et délicates telles que j'en ai rarement rencontré.

Le regard qui s'échappait de la tête penchée de la vieille dame, pour être recueilli par le violoniste, montrait quelle affection profonde et non interrompue avait toujours existé entre les époux. Une merveille à Paris qu'un tel regard!

Jamais le moindre nuage n'était entré dans ce petit salon aux boiseries grises : la vie calme et tranquille avait coulé pour les deux époux, exempte des passions mondaines; ils offraient la réalisation parfaite d'un heureux ménage. A cette exposition, où se voyaient représentés les fureurs de la passion et les crimes de l'amour, un petit tableau modeste, que personne ne regardait, montrait où se trouve la vraie tranquillité, dans une longue affection consacrée par le mariage.

Un peu par curiosité, un peu pour avoir la preuve de mes inductions, je résolus d'aller voir le peintre. Il s'appelait Jacquem et demeurait rue du Chemin-de-Versailles, d'après l'indication du livret.

En ce moment, tout mon échafaudage fut renversé par le simple fait de la connaissance de la rue. Le peintre n'habitait pas Paris ; ses modèles étaient de la province : ce *regard* qui m'avait tant frappé en plein Paris perdait une partie de sa signification dans une ville où la vie s'écoule paisiblement. Le portrait qui m'avait inspiré de si douces sensations menaçait de disparaître tout à coup de mon cerveau ; mon rêve était passé, mon illusion envolée, quand par un caprice semblable à celui qui pousse à revoir encore une fois la femme qu'on a beaucoup aimée, je retournai rendre visite à *mon* tableau. L'impression fut plus vive que je ne m'y attendais : je trouvai le sourire de la dame âgée encore plus séduisant que de coutume ; de son regard elle encourageait le violoniste à tenter un *trait* difficile. La bouche disait : « Comme tu joues bien, mon ami ! »

Pour moi, je m'écriai devant le tableau : *Jacquem, Jacquem !* étonné de la construction du nom du peintre et de sa terminaison latine. Sans tomber dans le paradoxe, la forme d'un nom, sa sonorité, l'assemblage des syllabes forment une rhétorique particulière pleine de charmes.

— C'est bien là un nom de Versailles ! m'écriai-je, dans ma disposition à doter la province de noms particuliers ; et machinalement j'ouvris le livret à la lettre J; mais je fus frappé de la légèreté que j'avais apportée à ma première lecture. Le tableau était intitulé : *les Deux Musiciens*. Ce n'était donc pas un portrait, mais une simple fantaisie. Le peintre demeurait, il est vrai, rue du Chemin-de-Versailles, mais *à Paris*.

— Voilà bien du temps perdu en chimères, me dis-je en fermant le livret. Que cette leçon te soit profitable, pour t'empêcher à l'avenir de tomber dans des inductions téméraires!

Mes vieux époux, que j'aimais déjà comme si j'avais fait partie de leur intérieur, n'existaient que dans l'imagination du peintre; ce *regard* si particulier qui n'appartenait pas au domaine de l'art, et qu'un sentiment profond, selon moi, avait seul pu prendre, ce regard si tendre et si amical était dû au pinceau d'un artiste médiocre. Jacquem habitait Paris; ce n'était pas un de ces noms de province tels qu'en comportent les enseignes des petites villes.

« Suis-je assez battue? » soupira tristement la Vanité, dans la petite chambre qu'elle occupe chez moi. Mais l'Orgueil : » Rassurez-vous, ma sœur, nous triompherons de cette abominable Raison. » On m'eût, en ce moment, annoncé un changement de gouvernement, que je m'en serais peu soucié; j'étais tout entier absorbé par les débats des singuliers disputeurs qui, par leurs raisonnements, me font souvent assister à des combats oratoires curieux tels qu'on en entend rarement en Sorbonne.

L'Orgueil parla si bien qu'il arracha des sourires d'approbation à la Vanité blessée. Il dit pour sa défense que de prime-saut il avait vu des portraits dans ce tableau, et que, jusqu'à preuve du contraire, il soutenait que Jacquem n'avait pu faire des figures chimériques : il ajouta que d'abord il conclut à l'existence des deux musiciens dans Paris; si, mis en défaut par une lecture trop rapide, il s'était laissé entraîner du côté de Versailles, il revenait à sa première opinion, acceptée proverbialement pour la meilleure. Ces épilogueurs employèrent des formules tellement sophistiquées que, pour les mettre d'accord et obtenir la paix, je résolus d'aller chez le peintre lui-même.

— Où est située la rue du Chemin-de-Versailles? me demandai-je, car jamais je n'en avais entendu parler.

Comme je sortais de l'Exposition, je m'adressai à un vieux cocher de fiacre, dont la mine pleine d'expérience me plut. — Connaissez-vous la barrière des Bassins? me dit-il. — Non. — Vous allez prendre les Champs-Élysées, vous rencontrerez la rue de Chaillot, et dans les environs la rue du Chemin-de-Versailles. Vous en avez pour dix minutes.

Ceux qui aiment les sentiers désertés par la foule n'ont qu'à quitter les Champs-Élysées brusquement, un jour de grand soleil, à l'heure où les équipages, les cavaliers, les filles et les gens de Bourse remplissent la grande avenue de leur luxe ; un détour suffit pour les transporter dans les endroits tout à fait inconnus aux Parisiens.

La rue du Chemin-de-Versailles donne dans l'avenue et conduit à la barrière des Bassins par la rue Pauquet-de-Villejust. C'est un vif contraste avec les Champs-Élysées ; la ville de province la plus morne ne saurait donner idée du silence d'un quartier désert, qui attend encore des constructions. A l'heure actuelle, ce quartier, qui, par suite du projet de rejeter les barrières en dehors des fortifications, attend sa réunion avec Passy, reste sans habitants. Là sont situés les grands réservoirs de la pompe à feu, qui ont donné leur nom à la rue et à la barrière des Bassins, la plus pauvre, architecturalement parlant, des barrières de Paris. Dans l'hiver, le quartier est rempli d'une boue épaisse délayée par les bestiaux qui font leur entrée triomphale dans la ville, sans prévoir qu'ils sont réservés à la nourriture de l'ogre parisien, qui consomme en un jour ce qui suffirait à l'entretien d'une province en un mois.

Pour s'aventurer en pareil lieu, il faut un extrême désir d'échapper au monde des Champs-Élysées; on n'y rencontre âme qui vive, sauf les troupeaux de bœufs et de moutons; mais, à l'angle de la rue des Bassins, il est permis de pénétrer dans l'enclos où sont situés les fameux réservoirs, et par un jour de brouillard on se trouve tout à coup devant le panorama d'un Paris particulier.

Au loin s'étendent, sur les collines, dans une atmosphère bleuâtre, une prodigieuse quantité de petites maisons, au milieu desquelles se détachent la façade de l'École militaire et le dôme des Invalides. De tout le Paris monumental, telle est la seule vue. Un étranger amené là par hasard en conclurait que la France est une nation militaire par-dessus tout. Ici l'école d'instruction avant les combats, là l'hôtel du repos après la guerre. Les observations ne dépendent que du milieu dans lequel on se place.

Jacquem demeurait au numéro 7 de la rue du Chemin-de-Versailles. Pour habiter un tel quartier, il faut une certaine philosophie. Je connaissais l'homme en entrant dans sa rue, et je tirai le pied de biche de la sonnette, comme si j'allais rendre visite à un vieil ami. La porte s'ouvrit. A la disposition du jardin, à de certaines particularités, se profilait une de ces maisons meublées, communes dans le quartier de Chaillot, où les vieillards se retirent pour y jouir de l'air vif particulier à ces hauteurs. La personne qui me reçut dès l'abord était une femme d'un extérieur peu sympathique, la maîtresse de la pension, à n'en pas douter. — M. Jacquem, s'il vous plaît? — Au troisième au-dessus de l'entre-sol, chambre numéro 17.

Pauvre Jacquem! me dis-je en montant un escalier aussi froid que la maîtresse de la maison. La propriétaire m'avait toisé d'un coup d'œil dans lequel je lus : « Qu'est-ce que cet étranger? que vient-il demander à Jacquem? »

Arrivé au haut de l'escalier, je me trouvai en face d'une porte jaune portant le numéro 17. Je frappai légèrement du doigt, et un petit vieillard sec et riant vint m'ouvrir en me faisant un de ces anciens saluts dont la mode est passée. Je me trouvai dans une mansarde allongée, à croisées à tabatière, qui perdait son caractère de mansarde par la quantité de peintures et de gravures accrochées au mur. C'était presque un atelier. Le peintre m'avança un fauteuil en velours d'Utrecht jaune, dont les bras offraient aux extrémités des animaux moitié sphinx, moitié chimères.

— Monsieur Jacquem, je sors du palais de l'Exposition, où j'ai beaucoup remarqué votre tableau.

Il sauta de dessus sa chaise, se leva : — Mon tableau, dit-il! ah! ah! ah! mon tableau! ah! ah! ah! Vous avez vu le tableau, ah! bah! vraiment?

Il courait dans l'atelier en riant d'une façon singulière, comme un homme incrédule et qui pourtant voudrait croire. Puis il revint vers moi, me regarda d'un œil interrogateur :

— Vous avez vu le tableau de Jacquem à la grande Exposition?

Et il sauta comme s'il allait prendre sa volée par la fenêtre en tabatière, puis repartit en éclats de gaieté vraiment intempestifs. Moi-même je crus que j'allais l'imiter, tant j'étais surpris de la réception et de la singulière figure du peintre.

Il portait un long bonnet de coton et de larges lunettes d'acier derrière lesquelles éclatait un regard des plus vifs. Un grand nez recourbé semblait présenter des salutations au menton, sorte de personnage grave qui, tout en acceptant les politesses de son voisin, conservait un décorum. L'esprit joyeux qui animait Jacquem avait infligé à sa bouche une forme humoristique qui retroussait les coins du côté des oreilles. Deux grandes rides moqueuses partaient l'une du coin de l'œil vers les tempes, l'autre formant une courbe accentuée sous la paupière inférieure et se perdant dans des joues jaunes, solides comme du vieux cuir.

Tel était au premier aspect Jacquem, qui m'apparut tout entier quand il me dit : — Couvrez-vous, monsieur, je vous prie. L'ayant refusé, il enleva son bonnet de coton malgré mes supplications, et resta le crâne entièrement chauve, sauf deux petites pointes de cheveux goguenardes, qui apparaissaient par-dessus les oreilles.

Jacquem, habillé tout de noir, serré dans un habit étriqué fort râpé, les jambes perdues dans les sinuosités d'un pantalon de drap qui semblait en taffetas, Jacquem maintenant avait honte de son bonnet de coton, quoiqu'il le portât à la hussarde. J'avais devant moi un personnage d'une autre époque, sans doute un des nombreux élèves de David ; la couleur des esquisses, certaines compositions historiques accrochées au mur, la façon de grouper les personnages l'attestaient suffisamment.

— Vraiment, monsieur, vous me faites plaisir, dit le peintre quand les derniers tressaillements de sa joie furent un peu calmés. Tous les artistes ont un grain de vanité. Il y a si longtemps que je n'avais entendu de compliments, que je ne savais plus comment ils étaient faits. Pourtant, c'est une drôle d'idée qui vous amène pour me parler d'un pauvre petit portrait perdu au milieu de toutes les magnifiques peintures d'aujourd'hui. Je ne m'y reconnais plus, monsieur, devant tous ces jeunes gens qui chargent leurs palettes de couleurs à étonner Rubens... Qui est-ce qui aurait songé à cela il y a soixante ans? — Ah! m'écriai-je, c'est donc un portrait? — Me croyez-vous assez vaniteux, dit le peintre, pour oser envoyer à l'Exposition un tableau? Je peux vous le dire, c'était un bon tour que je voulais jouer à mon vieil ami Ravier et à sa femme. — Ravier! répliquai-je, en analysant les syllabes de ce nom sans caractère précis. — Connaîtriez-vous mon ami Ravier? — Non, monsieur Jacquem. Pardonnez-moi mes questions. Où demeure M. Ravier? — A Sainte-Périne, j'allais vous le dire. — A Sainte-Périne! fis-je désappointé d'avoir longtemps hésité entre l'île Saint-Louis et les alentours de la place Royale.

Mon observation était prise en défaut et coupable de légèreté; maintenant que je visitais le quartier de Chaillot, où se retirent de petits rentiers, d'autres endroits me revenaient à la mémoire, fréquentés par les gens âgés de modeste fortune : le versant de la montagne Sainte-Geneviève, qui conduit au Jardin des plantes, les Batignolles.

— Je voulais faire une surprise à madame Ravier, reprit Jacquem.

A mon tour, je me levai en me frottant les mains :

— Une surprise! m'écriai-je, je m'en doutais!

Jacquem me regarda avec le même étonnement que me causa en entrant son costume. Comme je paraissais attendre une explication :

— Mon ami Ravier et sa femme sortent rarement de Sainte-Périne; mais ils se faisaient une fête de voir cette grande Exposition, annoncée par tous les journaux. Alors j'ai pensé à leur faire une malice; c'était de les mettre tout à coup en présence de leur portrait. Sans m'inquiéter si je serais reçu ou refusé, j'esquissai le tableau en me servant de deux petits portraits à la mine de plomb que vous pouvez voir accrochés au mur, en face de vous. Je n'avais pas besoin de faire poser mes amis, je les sais par cœur. Je connais Ravier depuis quarante ans, comme je connais ses airs de violon. Je me suis mis bravement à la besogne.

— Et vous avez fait là un excellent portrait, monsieur Jacquem, le meilleur de l'Exposition.

— Parlons en conscience, monsieur, ne vous moquez pas de moi... Une méchante petite toile comparée à nos grands portraits du Salon! Ah! c'est de la raillerie, et Jacquem est un trop vieux renard pour vouloir manger de ces raisins-là. Je sais ce qu'il y a dans mon portrait : un bon vieux compagnon et une excellente femme, madame Ravier, qui, à soixante-sept ans, joue encore du piano comme dans sa jeunesse. Quant à Ravier, les jours où les rhumatismes ne gênent pas son bras droit, je vous assure qu'il met du nerf dans son coup d'archet. J'ai rendu tout bonnement ce que je leur voyais faire souvent; j'ai assis madame Ravier à son piano, entourant mes amis des objets qu'ils aiment, le portrait du père de M. Ravier, le vieux chat accroupi sur un tabouret en tapisserie brodé par madame Ravier, la boîte à violon sous le piano, les boiseries grises de leur chambre. Voilà-t-il pas un fameux portrait ! Ces peintures-là, monsieur, font plaisir à trois personnes au plus : aux amis qui y sont représentés, et au peintre qui a passé quelques bonnes heures en jouissant par avance de sa malice. Mais je ne comptais guère sur mon admission, surtout quand j'allais flâner dans les Champs-Élysées, aux approches de l'Exposition. C'étaient d'immenses caisses qui arrivaient chargées de peintures de l'Europe tout entière : du Danemark, de l'Angleterre, même du Pérou. Il faut que tu sois bien insensé, Jacquem, me disais-je, pour oser envoyer ta pauvre petite toile, qui n'aura pas plus d'importance pour ces messieurs du jury qu'une rognure d'ongle. Eh bien, ils refuseront ma peinture, et tout sera dit ; la course n'est pas longue d'ici, j'irai chercher mon portrait, et, comme il n'est pas grand, je le mettrai sous ma houppelande sans que personne ne sache rien. Jacquem n'a plus d'ambition, et il n'en mourra pas. Monsieur, ils l'ont accepté ! s'écria le peintre en se levant et en courant par l'atelier.

Sans doute pour me donner idée des émotions qui s'étaient emparées de lui lorsqu'il apprit cette nouvelle, Jacquem se mit à gambader en frappant des mains : « Jacquem est reçu, le vieux Jacquem et son petit tableau, s'écriait-il. Heureux Jacquem ! Ces messieurs ne se doutent pas de la joie qu'ils donnent à un pauvre peintre. » Il revint à moi, se pencha vers mon oreille. — Monsieur, c'est le plus grand service qu'on pouvait me rendre... quoique ces messieurs du jury m'aient rendu ambitieux ; oui, monsieur, à l'heure qu'il est, Jacquem est un ambitieux... Savez-vous ce qu'il demande? Il veut, lui aussi, entrer à Sainte-Périne, afin d'être près de ses vieux amis, pour manger avec eux, pour être soigné à son tour.

Je me rappelai alors la figure désagréable de la maîtresse de la pension.

— Monsieur, reprit Jacquem, je bavarde, et je ne vous ai pas dit comment se passa la visite de mes amis Ravier à l'Exposition... Je fus d'abord deux jours sans pouvoir retrouver mon tableau : enfin, je le découvris et j'engageai Ravier et sa femme à faire un tour au Salon. Ils ne comprennent pas grand'chose à la grande peinture ; et puis le bruit, la poussière, le cou tendu en l'air, notez qu'ils ne sont plus des jeunes gens, les fatiguaient. Ils voulaient s'en aller, je les reconduisis malicieusement par la salle un peu étroite où ces messieurs les jurés ont encore fait trop d'honneur à mon petit tableau. En arrivant devant le cadre, madame Ravier a poussé un cri : — Mon ami, on dirait que c'est toi ! Et elle s'est jetée au cou de son mari : heureusement personne ne passait. Dans ce moment-là, il n'y avait pas un artiste plus heureux que moi. Jacquem avait du talent, du génie, mes bons amis le criaient tout haut ; ils ne pouvaient plus se détacher de devant leur portrait. Ils étaient comme cloués à la cimaise, ils auraient voulu emporter le tableau pour le montrer à tous les pensionnaires de Sainte-Périne. En sortant, madame Ravier m'a serré la main, émue, sans pouvoir parler ; je crois que tous les trois nous avions envie de pleurer. Ah ! l'amitié est une bonne chose !

Jacquem se tut, car il était attendri. Pour chasser son émotion, il essaya de gambader dans l'atelier en me tournant le dos; mais, à un geste, je m'aperçus qu'il s'essuyait les yeux.

Pour moi, je feignais de regarder les esquisses accrochées au mur. C'était de l'honnête peinture, consciencieuse et médiocre, sans le plus petit grain d'invention. On comprenait pourquoi Jacquem n'était pas arrivé à la réputation; les esquisses sentaient les délassements d'un employé qui, levé à six heures du matin, fait de la peinture avant d'aller au ministère. En effet, le peintre, comprenant que le petit bout de sa bobèche intérieure ne s'allumerait jamais à la flamme de l'art, était entré dans les bureaux d'une compagnie d'assurances; il en sortit poussé par l'âge, possesseur d'une petite rente qu'il s'était créée à force d'économies.

Ces détails, je ne les connus qu'un an après diverses visites faites à Jacquem, qui, enchanté de se trouver d'accord avec un admirateur de sa peinture, m'avait pris en réelle affection.

Grâce à lui, ma curiosité se tourna vers Sainte-Périne, son intérieur si curieux, ses mœurs si particulières au milieu du Paris mouvementé, et je n'eus de cesse que je ne fusse introduit par Jacquem chez ses amis Ravier.

CHAPITRE II

Paris est la ville de l'Europe qui s'inquiète le plus des souffrances cachées. Dans cet immense tourbillon d'affaires, de plaisirs, où sont roulés des hommes en apparence égoïstes, il est rare que la compassion pour le malheur n'ait pas gardé une petite place chez ceux qui semblent le moins portés à l'étude des classes pauvres. L'assistance publique joue un rôle immense et mystérieux qu'on ne peut connaître qu'en étudiant de près les rouages de l'administration du parvis Notre-Dame. Vieillards et enfants, femmes-mères, ceux privés de leurs bras et ceux privés de la raison, tous ont droit à l'assistance publique, une des plus belles réalisations des sociétés modernes, qui devrait avoir un palais pour bureau et au-dessus du fronton une symbolique figure de la Charité, taillée par le ciseau d'un grand statuaire. Si bien des réformes sont encore à désirer, si les environs de Paris attendent de vastes constructions destinées à hâter le retour à la santé des convalescents, il faut s'en prendre au temps, dont les progrès s'agglomèrent lentement.

Entre toutes les créations de l'assistance publique, il faut citer comme une des plus utiles l'institution de Sainte-Périne, qui est à l'hôpital ce qu'un colonel est à un soldat. C'est un hôtel des invalides civils en miniature, et tous les efforts de l'administration doivent tendre à développer cette maison de retraite, appelée *Institution* pour ne pas froisser les vieillards sans fortune qui, sur le déclin des années, ont conservé de faibles revenus. L'institution de Sainte-Périne et les Petits-Ménages servent d'asiles à la vieillesse de Paris; mais la situation topographique des deux établissements indique déjà les degrés qui les séparent. Sainte-Périne est située dans les Champs-Élysées, voisin des hôtels les plus aristocratiques de Paris; les Petits-Ménages forment un des angles de la rue de Sèvres, c'est-à-dire du quartier le plus peuplé et le moins riche du faubourg Saint-Germain. Pour être reçu à Sainte-Périne, il faut avoir occupé une certaine position dans la société; les Petits-Ménages sont composés de vieillards de la bassse classe, qui ont économisé quelques centaines de francs de rente, et qui longtemps ont ambitionné ce lieu de retraite. Il est exceptionnel de trouver dans la rue de Sèvres des vieillards d'une grande famille; à l'Institution de la rue de Chaillot, on rencontre des gens titrés : d'anciens noms s'y éteignent lentement. La force des choses y conduit des hommes et des femmes de condition élevée : là se retrouvent encore les habitudes de la haute société, et le salon de conversation, fréquenté par des personnes de soixante à quatre-vingt-dix ans, rappelle les soirées du monde.

Assise sur des bases solides par l'impératrice Joséphine, l'Institution Sainte-Périne a pris d'importants développements depuis le premier Empire; à l'heure actuelle, c'est une maison de retraite dont l'entrée est recherchée. Des solliciteurs nombreux sont inscrits sur des listes de surnumérariat, attendant que la mort souffle sur la petite flamme qui anime encore le corps de quelques vieillards. La première condition pour être admis à l'Institution est de justifier de soixante ans accomplis. La petite bourgeoisie y a droit d'entrée comme la noblesse; d'anciens industriels, chefs de bureau, militaires, négociants, rentiers, etc., jouissent du même privilége; l'égalité n'existe que devant la rente à payer à l'administration des hôpitaux et le trousseau à fournir à l'Institution. Moyennant sept cents francs par an, le pensionnaire a droit au logement, à la nourriture, aux soins du médecin, et à divers avantages, tels qu'une bibliothèque, un salon de conversation; l'habillement, l'entretien, le service particulier restent à la charge du pensionnaire, ce qui suppose une petite fortune de douze cents francs. Mais combien d'avantages pour ces maigres douze cents francs, qui, avec la plus stricte économie, ne pourraient fournir dans Paris le quart des jouissances de Sainte-Périne! Un joli logement donnant d'un côté sur la vaste cour de l'Institution, de l'autre sur un grand jardin; l'air des buttes de Chaillot, l'endroit le plus sain de Paris, une cuisine abondamment servie, la proximité des Champs-Élysées pour ceux qui aiment le mouvement de la foule, la promenade dans un beau jardin attenant aux bâtiments, et, par-dessus tout, l'avantage de la société si chère aux vieillards.

Esprits détachés des passions humaines, qui ont vidé, à force d'y boire, la coupe des jouissances ou des infortunes, les uns s'entretiennent du néant des vanités humaines; d'autres, qui ont conservé l'esprit et le cœur jeunes, se plaisent encore aux passions du monde. Dans cette réunion de caractères et de positions si variés, l'Institution offre le tableau consolant de gens ayant aimé la vie, l'aimant encore et ne se trouvant pas froissés par les dédains d'une jeunesse moqueuse, sans respect pour les manies de la vieillesse.

C'était après cet heureux séjour que soupirait Jacquem !

Fréquentant presque tous les jours les Ravier, il en revenait avec des provisions d'anecdotes dont une surtout me donna le plus vif désir de pénétrer dans l'établissement où s'agitaient encore tant de passions.

Un pensionnaire de l'Institution avait été surpris, à une heure du matin, récitant des poésies sous les fenêtres d'une dame âgée de soixante-cinq ans. Rencontré par le directeur, le poëte fut reconduit dans sa chambre, un peu malgré lui, soutenant qu'il avait le droit de réciter des poésies à la lune, les pieds dans la neige ; il remerciait l'administration de prendre soin de sa santé, mais il se sentait, disait-il, encore assez de chaleur intérieure pour ne pas craindre de refroidissements.

Par ce fait et d'autres nombreux qui vinrent se grouper autour de celui-là, l'*amour* étant une des passions qui survivent le plus chez l'homme, ma curiosité ne fit que redoubler.

J'allai souvent me promener dans le grand jardin dont les murs sont mitoyens du *Château des Fleurs*. Les soirs d'été, se groupait, après le dîner, la société de Sainte-Périne : de vieilles dames qui avaient conservé le goût de la toilette, des vieillards prenant soin de leur personne. Les conversations se tenaient d'abord en commun sur de grandes banquettes disposées en forme d'éventail. On prenait l'air en écoutant la musique du bal voisin; des groupes se formaient, disparaissaient dans les bosquets et montaient au belvédère. A deux pas de là, au *Château des Fleurs*, des filles vendaient leurs charmes peints au plus haut enchérisseur; à Sainte-Périne, l'amour était revenu à la simplicité de l'âge d'or. C'étaient des soins, des égards, d'exquises délicatesses qui cherchaient à faire oublier la poussière de papillon envolée de la jeunesse.

Peu à peu, par mon assiduité et par l'habitude qu'on prit de ma personne, je fus introduit dans le ménage Ravier. Jacquem ne jurait plus que par moi; la fréquente répétition de mon nom, les compliments à outrance dont il entourait mon caractère, firent que madame Ravier voulut bien m'inviter à lui rendre visite. C'était une petite dame pétulante, qui avait conservé toute la vivacité de la jeunesse; une aimable curiosité faisait le fond de son caractère; elle ne procédait que par questions sur Paris qu'elle avait longtemps habité et dont elle semblait plus retirée qu'à cent lieues. Les soins qu'elle rendait à son mari, l'entretien de son ménage, certains accès de rhumatisme qui s'emparaient de l'épaule de M. Ravier la forçaient de ne jamais s'éloigner de l'Institution. Rarement on vit naturel plus heureux. Pour désennuyer son mari, qui alors était sous le coup de la maladie, elle appela ce qui lui restait de jeunesse. Cette petite dame aux membres fins et souples semblait un oiseau ; elle courait, sautait dans sa chambre, chantait, trouvait des mots gais pour égayer son mari : nulle part ailleurs je n'ai vu d'intérieur plus animé.

Deux fois la semaine madame Ravier recevait quelques pensionnaires : M. Perdrizet, un poëte âgé, amoureux de madame de la Georgette; M. Destailleur, l'homme le plus poli de France, celui que mademoiselle Arsène Chaumont appelait *Urbanité;* l'abbé Falaise, l'aumônier de l'Institut ; M. de Capendias, qui représentait la noblesse; madame de la Borderie, une femme de bien ; M. Lobligeois, célèbre par son avarice; et mademoiselle Miroy, une des victimes de l'établissement. Toutes personnes qui se quittaient rarement, partageant tous les jours une des quatorze tables de la salle à manger.

Ainsi qu'on le pense, ce petit cercle était fort jalousé par les pensionnaires de l'établissement, car on ne pouvait guère citer dans Sainte-Périne que trois sociétés tranchées : la chambre de madame

Gibassier, où se tenaient les plus méchants propos de l'établissement. Là se réunissaient plus particulièrement des dames et le rival de M. Perdrizet, le poëte Courroux-Desprès, qui avait obtenu jadis des succès aux Jeux Floraux; on citait encore les réunions de M. et de madame Désir, anciens petits marchands, remarquables par la présence de M. de Flamarens, dont la noblesse était mise en balance de celle de M. de Capendias et de madame de la Borderie.

Si l'on excepte les trois tables qui, à partir du dîner, réunissaient leurs habitués dans trois salons différents, la plupart des pensionnaires de Sainte-Périne vivaient isolés, les uns maladifs, les autres misanthropes, certains passant leurs soirées à la bibliothèque de l'Institution, d'autres faisant leur partie au salon pour ne pas dépenser de chauffage et d'éclairage.

Jacquem m'initiait peu à peu à ces détails : le petit peintre était un fin observateur, sauf pour ce qui l'intéressait personnellement; mais il ne se doutait pas avoir un ennemi dans la personne de l'avare M. Lobligeois, qui se vantait de coûter fort cher à l'administration de l'assistance publique.

Il existe deux modes de payement pour être admis à l'Institution Sainte-Périne : le premier consistant en une rente annuelle de sept cents francs, le second en l'apport d'un capital qui varie suivant l'âge du pensionnaire.

Pour prendre un exemple de la différence du capital à payer, un pensionnaire âgé de soixante ans, en versant six mille trois cent quarante-huit francs lors de son entrée, pourrait vivre tranquille jusqu'à cent ans sans avoir rien à payer désormais, tandis qu'un homme âgé de quatre-vingt-seize ans ne payerait que la somme de neuf cent quatre-vingt-dix francs, les calculs de probabilité sur la vie ayant démontré que cet homme pouvait espérer tout au plus vivre deux ans.

M. Lobligeois, admis à Sainte-Périne à l'âge de quatre-vingt-un ans, s'était bien gardé de suivre le premier mode de payement, consistant en une rente annuelle de sept cents francs; il avait versé une somme de près de trois mille francs, et s'était frotté les mains en se disant quelle merveilleuse affaire il faisait ce jour-là.

M. Lobligeois commençait par manquer au règlement principal de l'Institution, qui n'admet dans son sein que des rentiers à quinze cents francs au plus; l'avare possédait cinq mille francs de rente. Il ne se disait pas qu'il empêchait un pauvre homme d'entrer à sa place; ces sortes de raisons ne germaient pas dans son esprit. Sa prétention était d'arriver à un âge très-avancé, et de passer près de vingt-cinq ans dans l'Institution, bien nourri, en compagnie agréable, pour la somme de trois mille francs. Vingt-cinq ans pour trois mille francs!

Jamais homme ne fit de plus heureux calculs en rendant compte que chaque année ne représentait guère plus de cent francs. Cent francs la nourriture et le logement! Boire, manger, se loger, se chauffer pour cent francs! Dans le pays le plus fortuné et le plus fertile, il était impossible d'arriver à ce merveilleux résultat. Aussi le réveil du vieillard lui semblait plus agréable qu'à l'âge heureux où l'enfant ouvre la paupière sans penser aux déceptions de la journée; il avait des décomptes de ce qu'il coûtait à l'administration et se réjouissait de passer une excellente journée pour la somme de cinq sous et demi.

La chambre dans laquelle M. Lobligeois couchait et qu'il occupait à peu près pour six liards, le déjeuner qui lui revenait à un sou, le dîner à deux sous, faisaient que son sommeil et sa digestion se passaient d'autant plus agréablement qu'il trompait l'administration par le surplus de rentes qu'il accumulait chez son notaire, avec l'unique passion d'accumuler.

M. Lobligeois n'avait que des parents éloignés et ne souffrait pas de son isolement; sa fortune lui servait de famille. A de certains jours, enfermé dans sa chambre, le verrou tiré, M. Lobligeois ouvrait un secrétaire et se donnait la jouissance de considérer et de manier un plein tiroir de pièces d'or : la poignée de main d'un ami dont il eût été séparé depuis longtemps ne lui eût pas causé un plus doux tressaillement que de plonger sa main dans le tiroir et d'embrasser du regard toutes les pièces reluisantes.

Mais l'avare n'avait pas d'amis. La passion de l'or avait annihilé toutes les autres, et M. Lobligeois eût été parfaitement heureux sans le sinistre battement d'ailes de la chauve-souris qui plane au-dessus de la tête de tous les humains. La chauve-souris de M. Lobligeois était une terreur extrême de la mort : il ne voulait pas en entendre parler ; ainsi que ces animaux qui, ne voyant pas le chasseur, s'imaginent n'en être pas vus, il espérait en oubliant la mort être oublié d'elle.

La mort, cependant, faisait d'assez fréquentes visites à Sainte-Périne ; elle venait tirer doucement par la manche de vieilles dames et de vieux messieurs qui ne consentaient pas à la suivre volontiers.

Le seul fait d'être admis à l'Institution devait indiquer aux entrants qu'il ne leur restait plus qu'un maigre tiers de vie à dépenser : il en était peu qui voulussent accepter cette idée. L'égoïsme absolu régnait dans cette société, où la disparition fortuite d'un convive et d'un compagnon aimable inspirait des regrets peu persistants. L'administration des hôpitaux elle-même se préoccupait peut-être plus d'un pensionnaire défunt que ses camarades de table. Il était à remarquer que, dans ce lieu où l'idée de la mort était inscrite sur bon nombre de physionomies, le mot fatal se prononçait rarement. M. Lobligeois était du nombre de ceux qui craignent autant la chose que le nom : c'est ce qui explique pourquoi il regarda Jacquem d'un mauvais œil.

Madame Ravier n'avait pas caché les prétentions de son ami et les efforts qu'il faisait pour entrer à l'Institution : ce surnumérariat frappa désagréablement l'avare. Un homme qui demandait à entrer ne pouvait être satisfait que par la sortie d'un pensionnaire; comme l'idée de sortie entraînait forcément l'idée de mort, le petit peintre, quoique d'un aspect frétillant, représenta dès lors aux yeux de M. Lobligeois l'image de la mort.

Personne ne s'en douta, ni les époux Ravier, ni M. Perdrizet, ni madame de la Gorgette, ni M. Destailleur, ni mademoiselle Arsène Chaumont. La Mort personnifiée par ce petit homme sautillant, plein de verdeur, sympathique à tous les habitués du salon Ravier! Jacquem habillé en squelette, un sourire sarcastique perpétuel dans une vieille mâchoire vide, Jacquem, le premier, se fût ému de la macabre symbolisation dont l'avait doté l'avare. Cependant il en était ainsi. A chaque visite du peintre, M. Lobligeois se disait : « Il cherche à remplacer quelqu'un. » Et ce *quelqu'un* inconnu, devant disparaître tout à coup pour faire place à Jacquem, choquait particulièrement l'avare, quoiqu'il crût que les autres et non pas lui devaient quitter la place.

Ces sortes de raisonnements ne sont pas rares : il existe plus d'un vieillard qui s'obstine à l'idée de vivre en société. Ils sentent la vanité de cette pensée; ils s'en rendent compte, doutent, croient, doutent encore, reprennent confiance et arrivent à cette conclusion, de ne pas vouloir songer à la chose.

— Car, disait un jour M. Lobligeois poussé à bout, parler toujours de la mort, c'est l'attirer dans la maison.

Aussi, pour ne plus avoir à souffrir de la présence de Jacquem, l'avare se fit recevoir chez madame Gibassier, dont on désignait les réunions sous le titre de Club des femmes malades.

Les habitués du salon de madame Ravier ne partagèrent pas les répulsions de M. Lobligeois pour Jacquem. La société y était plus jeune et plus intelligente que dans les autres réunions; l'amour et l'amitié y jouaient encore un assez grand rôle pour chasser les terreurs de la vieillesse.

Si Jacquem m'avait paru vert à l'âge de soixante-deux ans, l'amoureux Perdrizet étonnait ceux qui ne le connaissaient pas, d'avoir pu concourir aux avantages de l'Institution. L'ancien chef de bureau de la douane, par sa figure, sa démarche et l'ensemble de sa personne, semblait n'avoir que cinquante ans. L'œil vif et brillant, la bouche bien conservée, la taille droite, M. Perdrizet avait à peine perdu les avantages de la jeunesse. Vif, emporté, la parole pétulante, à sa personne il ne manquait que les cheveux. Sa réputation de *séducteur*, répandue dans Sainte-Périne, le faisait rechercher des dames de l'établissement, et même des voisines du dehors qui habitent les pensions bourgeoises de la rue de Chaillot; mais M. Perdrizet s'était consacré presque exclusivement au culte de madame de la Gorgette.

Qu'on s'imagine une grande et forte femme, portant sur sa physionomie l'enjouement et la bonté particuliers aux êtres chez lesquels le sang se joue librement. De grandes coques de cheveux gris argentés, qui n'avaient pas besoin de coiffure pour dissimuler les clair-semés que l'âge apporte trop souvent sur le sommet de la tête; des chairs réjouissantes en abondance, une taille de la force de M. Perdrizet lui-même, mais en harmonie avec l'importance de la personne; deux étages de menton avec un léger entre-sol, pour rester dans la vérité; des mains potelées et petites, qui avaient dû être les plus belles mains de France vingt ans auparavant, et des yeux d'un bleu profond qu'on ne pouvait se lasser de regarder, tant la douceur en était particulière. Deux fossettes s'étaient emparées de la figure de madame de la Gorgette, et formaient, au moindre mouvement de la physionomie, des *signes* qu'une coquette eût payés bien cher. Ces fossettes semblaient vivantes, tant elles étaient mobiles; la gaieté de la jeunesse s'y jouait encore et forçait ceux qui causaient avec madame de la Gorgette de l'entretenir de choses plaisantes; la moindre intention comique la faisant sourire, alors se dessinaient ces fossettes qui n'avaient pas leurs pareilles. Si madame de la Gorgette eût vécu entourée de jeunes gens, nul doute qu'elle n'eût inspiré à l'un d'eux une vive passion, sans que son âge pût servir de barrière. Non pas que les sens eussent occupé une grande place dans sa vie; mais elle semblait si heureuse de rendre heureux ceux qui l'entouraient qu'elle n'avait pas voulu chagriner l'inflammable M. Perdrizet.

En la voyant, on ne pouvait s'empêcher de songer à ces triomphantes créatures que le pinceau des maîtres flamands s'est plu à représenter fréquemment en qualité de *reines* dans leurs nombreuses répétitions de *Roi boit*. Madame de la Gorgette, aussi belle que la Médicis peinte par Rubens dans la série d'allégories du Louvre, n'en avait pas le côté dominateur. Sa poitrine imposante, qu'elle avait le droit de porter fièrement, se rattachait plutôt aux riches trésors de sang et de lait qui meublent les tableaux de Jordaens, élève du grand maître flamand, mais qui a plutôt peint de riches bourgeoises que des reines. La manière particulière dont madame de la Gorgette s'habillait, prouvait qu'elle n'avait pas besoin d'échafaudages pour soutenir cette riche poitrine, dont l'heureux privilége consistait en une précieuse solidité. Il était permis d'en juger par l'aspect resplendissant des chairs de la figure, sur laquelle le sang se jouait comme chez une jeune femme. Une grande bonté formait le fond du caractère de madame de la Gorgette, que M. Perdrizet seul avait droit d'appeler Aurore.

En regard de madame Aurore de la Gorgette, peut-être est-il convenable de tenter d'esquisser le mie est tellement petillante que tout leur vient en aide, même les défauts : les besicles d'or prêtaient aux regards de M. Perdrizet des rayonnements particuliers. Son œil n'en paraissait que plus vif; même il était permis de croire qu'il portait des lunettes pour adoucir la flamme de ses prunelles. Mademoiselle Miroy lui dit un jour, en manière de compliment, qu'elle était étonnée que les verres de ses besicles ne fussent pas troués par la vivacité de ses yeux.

L'ancien chef de bureau avait subi, comme il arrive trop souvent aux employés, une perte irréparable, celle de ses cheveux; mais il portait audacieusement la tête nue et ne cherchait pas à dissimuler, par une perruque, les ravages du fauteuil de cuir, car il a été démontré que le fauteuil de cuir vert à clous de cuivre, qu'il soit protégé ou non par des ronds de caoutchouc, est une des principales causes de la calvitie. (Notaires, avoués, avocats, huissiers, chefs de bureau, employés, tous personnage qui se gaudissent trop longtemps dans des fauteuils de cuir vert à clous de cuivre, sont condamnés à la perte prématurée de leurs cheveux.) M. Perdrizet n'avait pas l'aspect humilié que donne à de certaines personnes la calvitie; au contraire, il semblait chercher, par nombre de soins, à donner plus d'apparence brillante à son crâne nu, qui faisait autant de plaisir à voir que la batterie de cuisine d'une ménagère flamande ; et cette belle surface d'ivoire polie eût certainement inspiré à un peintre le désir d'y peindre un fine miniature.

L'oreille de M. Perdrizet, mise à jour par l'enlèvement des broussailles de la jeunesse, donnait l'idée d'un homme qui a perdu ses cheveux au service de la galanterie : curieusement et délicatement travaillée, quoique sa forme rappelât, par certains détails, l'oreille du faune antique, elle n'affectait pas la position verticale, qui est la plus commune : elle était provocante par la manière narquoisement oblique dont la nature s'était plu à la jeter. Une telle oreille renfermait bien des séductions par sa pose originale et sa parfaite concordance avec l'ensemble de la physionomie du chef de bureau. Ce détail alluma la flamme la plus vive chez mademoiselle Miroy, qui, sans avoir de fortes connaissances physiognomoniques, était attirée vers M. Perdrizet.

Les trésors d'amour qu'elle sentait enfouis au dedans d'elle-même se réveillèrent tout à coup et produisirent dans l'Institution une révolution plus grande que si M. Lobligeois avait jeté ses louis par la fenêtre.

La couleur verte, celle de l'espérance et du printemps, devint l'emblème favori de la pauvre demoiselle, qui eut un renouveau sans avoir jamais entrevu le nouveau de la vie. Son cœur reverdit et la poussa vers la nature. Désormais, au lieu de s'enfermer chez elle pour lire les romans *noirs* qu'elle louait chez un petit libraire du faubourg du Roule, elle alla plus fréquemment dans le jardin, autant pour rafraîchir ses idées brûlantes que pour rencontrer l'être qui venait de l'initier à une nouvelle vie. Mademoiselle Miroy eut des bouffées de souvenirs d'enfance qui lui rendirent l'existence souriante; elle consulta le célèbre médecin Desclozeaux, attaché à l'Institution, pour obtenir de lui quelques secrets afin de chasser la couperose de ses joues.

Elle se rappela que les pensionnaires du couvent tressent de petits sachets de lavande parfumée, en entremêlant les brins de fleurs de faveur de soie ; et elle passa une huitaine à confectionner quelques-uns de ces sachets, qu'elle offrit aux principaux habitants du salon de madame Ravier, afin d'avoir le droit d'en proposer un à M. Perdrizet.

— Rien n'était meilleur pour la conservation du linge, disait mademoiselle Miroy.

Son bonheur fut au comble quand le chef de bureau déclara, huit jours après, qu'une odeur exquise s'échappait de l'armoire où il rangeait ses chemises. Ce mot tourmenta l'imagination de la pauvre amoureuse et l'amena à plier les tiges de lavande en forme de cœur, que M. Perdrizet accepta sans remarquer la délicatesse du symbole.

Mademoiselle Miroy alla jusqu'à louer un petit jardin, dans l'Institution, à raison de vingt-cinq francs par an. L'administration s'est réservée, au bout du parc public, un certain espace allongé de terrain, divisé en petits jardinets séparés par des treillages : on a voulu, par cette mesure, que les pensionnaires aristocratiques pussent respirer le frais à leur fantaisie, isolés, s'ils le désiraient.

Mademoiselle Miroy rêvait un petit boudoir de verdure, un asile mystérieux où elle inviterait M. Perdrizet, quand tous deux se comprendraient. Quels rêves délicieux n'accumula-t-elle pas ! C'était de rester à côté l'un de l'autre les chaudes après-midi de l'été, abrités par un dôme de feuillage sous une tonnelle, occupés à de douces causeries, se taisant pour se regarder, écoutant le chant des oiseaux, loin de tout regard. Mademoiselle Miroy ferait de temps en temps la lecture ; elle choisirait les livres dont elle se rappelait certaines pages brûlantes.

Elle sentait en ce moment que son accent serait au diapason de ses tendresses ; M. Perdrizet l'écoutait, lui prenait les mains, tombait à ses genoux, lui jurait une flamme éternelle. Et au-dessus de leurs têtes, sur le fond de verdure, brillait la fameuse devise du cachet : *Toujours d'accord.* Beaux rêves ! Touchantes illusions !

Le réveil devait être amer. M. Perdrizet ne s'aperçut pas d'abord de ces manéges ; il eut la coupable indifférence de ne pas remarquer la robe blanche à rubans verts que mademoiselle Miroy introduisit à la chapelle, un dimanche de mai, et qui donna naissance à tant de propos dans l'Institution. Une robe blanche à mademoiselle Miroy ! Il y avait de quoi défrayer les conversations de l'hiver. La société Gibassier s'empara de cette robe printanière, et, par ses mauvais propos, en ternit la blancheur.

Cette société, dite des femmes malades, inspirait une certaine crainte dans Sainte-Périne par les méchancetés qui s'en échappaient. Les caractères chagrins, les malades de corps, les vieillards aigris s'y donnaient rendez-vous. On rencontrait des boiteuses, une sourde et une aveugle : la plus influente de la réunion, madame Gibassier, ne sortait qu'avec des béquilles. Le club jalousait le salon des Ravier où ces sortes de propos ne trouvaient aucun partisan. Vis-à-vis de madame Gibassier et de ses amis, les habitués de madame Ravier passaient pour de jeunes extravagants ; aussi la robe blanche à rubans verts de mademoiselle Miroy, âgée seulement de soixante et un ans, parut-elle une sorte de provocation jetée à l'Institution. La plupart des membres de la société Gibassier étaient octogénaires : qui oserait lutter avec mademoiselle Miroy? qui pouvait s'habiller en blanc au printemps? La première émotion passée, on chercha à connaître quels motifs secrets avaient pu déterminer l'*ennemie* à arborer une couleur si printanière. Comme la pensée des pensionnaires de Sainte-Périne est sans cesse tournée vers l'amour, la société Gibassier fit une conquête qui démontra la passion naissante de mademoiselle Miroy. Des agents invisibles l'épiaient dans ses démarches, la suivaient au jardin, au salon commun, à la bibliothèque, à la salle à manger, au dedans et au dehors de l'établissement; ils remarquèrent que, contre son habitude, mademoiselle Miroy sortait les jours de soleil, de deux à quatre heures, pour se rendre aux Champs-Élysées, où, assise sur une des chaises qui bordent la grande avenue, elle examinait avec attention la toilette des jolies femmes qui vont parader en calèche au bois de Boulogne. Les yeux féminins deviennent des microscopes accusateurs quand ils s'attachent à un seul objet : les plus petites observations tombant sous leurs rayons se transforment en immenses découvertes.

Mademoiselle Miroy et les mille détails de son amour naissant furent sujets à de plus patientes investigations que le fraisier dont Bernardin de Saint-Pierre a raconté les drames. Si, en rentrant à l'Institution, vers cinq heures, mademoiselle Miroy s'enfermait dans sa chambre pour reparaître au dîner avec une nouvelle coiffure, ne donnait-elle pas raison à madame Gibassier, qui l'accusait d'avoir *pincé*, l'après-midi, cette coiffure aux Champs-Élysées? Aussi fut-il démontré que l'ennemie allait se retremper dans le sein d'un monde corrompu, afin d'étudier les secrets des modes nouvelles.

La pauvre fille dînait tranquillement en compagnie de M. et madame Ravier, de M. Perdrizet, de madame de la Borderie, de M. de Capendias, de mademoiselle Chaumont et de M. Destailleur, sans se douter qu'en face d'elle, à la table numéro huit, celle occupée par la société Gibassier, dix personnes ne la quittaient pas de vue, non pas dix juges, mais dix accusateurs qui sans cesse ranimaient leurs observations par des coups de coude et de légers pressements de pied sous la table. Si l'amour laissait le champ libre à l'observation, mademoiselle Miroy eût remarqué combien était calme une table qui, d'ordinaire, était la plus bruyante de la salle à manger : rires aigres, paroles sarcastiques, voix vinaigrées se faisaient entendre généralement, parmi la coterie Gibassier, au milieu du bruit des couteaux et des fourchettes de tout le réfectoire.

Il ne fallait pas deux séances au redoutable tribunal pour découvrir le but des mélancoliques regards de mademoiselle Miroy : en face d'elle, le vivant M. Perdrizet mangeait de tous les plats avec un héroïque appétit, sans craindre de fatiguer son estomac.

Les manéges de la pauvre amoureuse durèrent assez de temps pour que l'économe de l'Institution remarquât avec surprise que la consommation avait été, pendant la quinzaine, moins forte d'un douzième. La table Gibassier, plongée dans les observations, en oubliait presque le boire et le manger. — « Nous aurons certainement une épidémie prochaine », dit le médecin de Sainte-Périne, à qui l'économe témoignait ses inquiétudes sur cette diminution de nourriture. Car la majorité des vieillards ne vit que pour manger. Le médecin, en réfléchissant sur le fait qui lui était rapporté, ne pouvait supposer que, par un renversement singulier des lois naturelles, cette fois l'amour et la curiosité de constater ses phénomènes avaient été plus forts que l'estomac. Les médecins sont quelquefois victimes de faits semblables qui déroutent les observations scientifiques.

Mademoiselle Miroy aimait M. Perdrizet, et des témoins nombreux, assez alléchés par la malignité pour en oublier le boire et le manger, faisaient croire à une épidémie prochaine. Quelques jours après, le médecin en chef de Sainte-Périne envoyait à l'Académie de médecine une communication importante : il avait senti des courants invisibles et morbides qui présageaient le retour d'une épidémie; le bruit s'en répandit dans Paris, les journaux l'enregistrèrent, la nouvelle courut la France. La France était victime des regards perçants de M. Perdrizet, de son crâne luisant et de ses besicles d'or. Voilà ce qui doit faire réfléchir les observateurs sur l'enchaînement des faits.

A mille prévenances, mélangées de soins délicats, M. Perdrizet fut averti des ravages que produisait sa personne. Chacun l'en plaisanta, et il se tint sur ses gardes, afin de ne pas se laisser lier par des chaînes aussi lourdes que celles portées par M. Destailleur, dont mademoiselle Chaumont avait fait son esclave. L'histoire ancienne cite des traits d'amour héroïque, qui se sont rarement renouvelés dans les temps modernes. M. Destailleur n'était pas capable d'héroïsme. Son extérieur tranquille, sa personnalité affadie fuyaient l'éclat ; mais il possédait des qualités plus monotones et plus durables. On ignorait à quelle époque il s'était attelé au char de mademoiselle Arsène Chaumont, tant il semblait naturel que ces deux personnes eussent toujours vécu ensemble dans les mêmes relations calmes et polies.

Les graveurs italiens se sont plu à représenter un jeune *Paolo* aux genoux d'une tendre *Francesca*, tendant ses mains vers elle et la suppliant de lui accorder quelques chastes baisers. M. Destailleur rappelait l'aimable Paolo par son ingénuité, la candeur avec laquelle il s'approchait de mademoiselle Chaumont. Si mademoiselle Chaumont lui demandait le matin : Comment vous portez-vous? il ne manquait pas de répondre : Avec plus de crainte que jamais de vous déplaire, ou par une phrase d'un tissu analogue.

La politesse exquise, le respect dû à toute femme, étaient poussés si loin, que M. Destailleur fut cité comme l'homme le plus parfait qui eût jamais habité l'Institution. Les mots galanterie, amour, passions, ne pouvaient s'appliquer à M. Destailleur, mais plutôt les titres de cavalier servant, de *patito*, qui se trouvent en quantité dans le dictionnaire de la bonne compagnie italienne, et que notre langue moins tendre ne saurait reproduire. Mademoiselle

Chaumont l'avait appelé : *mon attentif,* un de ces mots que les femmes seules savent créer. Un jour, dans le salon de madame Ravier, à l'heure où chacun prenait congé de la maîtresse de la maison, mademoiselle Chaumont engageait M. Destailleur à passer le premier ; l'attentif s'en défendait. Après divers refus, M. Destailleur s'exécuta en disant : « Que cela soit ainsi, mademoiselle, car si je ne savais pas vous obéir, je ne serais plus votre serviteur. » Rarement on verra deux êtres plus polis et plus délicats ; ils parlaient un langage particulier, et semblaient avoir inventé une langue.

L'aimable Perdrizet n'aurait pu tenir à ces confidences éternelles, à ces promenades sentimentales, à ces conversations *opalisées* qui faisaient le fond de la vie de M. Destailleur et de mademoiselle Chaumont. Vif comme la poudre, léger comme un oiseau, preste et subtil, M. Perdrizet offrait une nature contraire. Il avait beaucoup aimé, ses lèvres rouges, largement dessinées, le prouvaient ; mais de l'amour il n'avait cherché que la jouissance gaie, le plaisir, les galanteries de table soufflées à l'oreille d'une voisine et les liaisons nouées et dénouées avec la même rapidité. Toutefois, M. Perdrizet possédait la plupart des facultés du soupirant ; il devenait sentimental au besoin, pourvu qu'il ne fût pas forcé d'employer cette note longtemps. Aussi, le cœur libre, ne repoussa-t-il pas d'abord les tendres avances de mademoiselle Miroy. Sans songer au trouble qu'il allait jeter dans le cœur de la pauvre fille, il accepta des promenades dans le parc, se laissa conduire dans le petit jardin particulier, et, par là, donna corps à la trame malveillante qui s'ourdissait chez les Gibassier.

Ainsi qu'une plante étrangère, fanée sous un climat brumeux, dont les premiers rayons de soleil du printemps raniment les feuilles mélancoliques, mademoiselle Miroy sembla revivre d'une nouvelle vie ; elle rajeunit, ses yeux s'avivèrent, le sang circula librement dans ses veines, le mot *bonheur* fut écrit sur son front. Elle avait pris de la vivacité de M. Perdrizet, et il semblait qu'elle cherchât à se mettre à l'unisson de celui qu'elle aimait.

— Que vous êtes gaie, ma chère demoiselle! lui disait avec douceur madame de la Borderie, une des femmes les plus respectables de l'Institution.

Mademoiselle Miroy souriait, et en même temps rougissait de sourire. Ce bonheur inscrit visiblement sur la physionomie de mademoiselle Miroy, rembrunissait toutefois les figures de la table d'en face. Le Club des femmes malades souffrait du bonheur de mademoiselle Miroy ; chaque jour qui s'écoulait accusait les rides de ces vieilles femmes : la bouche rentrait, le nez s'allongeait, les chairs s'affaissaient. La nature a voulu que l'homme ne s'aperçût pas de ses ruines personnelles; madame Gibassier les observait chez ses amies, et ne pouvait s'empêcher d'en faire de tristes allusions. Cette société était à l'unisson de la discordance; toujours des propos cruels, d'amères railleries, des contradictions de toute belle action.

Dante a oublié dans son *Enfer* de peindre un coin sombre où serait condamnées à vivre ensemble les vieilles chagrines dont la vie s'est passée à interpréter en mal les actions des jeunes. Il n'existait dans le salon des Gibassier ni douceurs, ni consolations; même les rapports entre les habitués étaient entachés de perfidies cruelles. La table autour de laquelle on se réunissait semblait un marbre de dissection où était étendu tour à tour chaque pensionnaire de l'établissement. Ceux qui ont vu des appareils orthopédiques peuvent se rendre compte des opérations qu'on faisait subir aux sujets, avec cette exception que tout être qui tombait entre les mains des opérateurs de la société Gibassier en sortait plus difforme qu'il n'y était entré.

C'est ainsi que le cœur de mademoiselle Miroy fut disséqué à diverses reprises dans cette société, et qu'on le tira à *hu* et à *dia* jusqu'à ce qu'il fût écartelé et mis en lambeaux. Pauvre fille aveuglée par l'amour, qui, à soixante ans, avait eu la force de se rajeunir et d'imprimer une nouvelle circulation à son sang ! Le mois de mai lui apporta de vertes bouffées d'espérances : elle imagina de faire servir le salon de madame Ravier à un ancien jeu de province : *Je vous prends sans vert,* qui rappelle le printemps de la vie. Pendant trois mois, les hôtes de madame Ravier, tous les matins, se décorèrent au jardin d'une feuille verte attachée au corsage ou à la boutonnière ; ceux qui oubliaient cette mesure étaient condamnés à une légère amende dont l'accumulation devait servir à de fins goûters dans le jardin particulier de mademoiselle Miroy. Il fut facile de remarquer, à l'intérêt qu'on apportait à ce jeu, la quantité d'esprit vivace dont chacun était doué. M. et madame Ravier, M. Destailleur et mademoiselle Chaumont, M. Perdrizet et mademoiselle Miroy, ne manquèrent guère à la règle du jeu ; mais combien furent pris *sans vert ?* Madame de la Borderie, M. de Capendias et M. Lobligeois, qui avaient renoncé au code de la galanterie. Pour mademoiselle Miroy, elle abusait de la verdure ; elle portait sans cesse à la main une petite branche, manquant à la règle du jeu qui veut que la feuille soit cachée, afin de ne pas attirer l'attention des autres joueurs.

Jacquem était inconsolable de ne pouvoir se mêler au vert, car il avait été décidé que seuls les pensionnaires de l'Institution en feraient partie. Jusque-là, Sainte-Périne lui était apparue sous le jour le plus gai. Nous en causions souvent ensemble; l'entrée du paradis ne tente pas davantage une âme pieuse que cet asile où la vieillesse jouait encore un rôle.

Jacquem, doué d'un heureux naturel, laissait passer à côté de lui les drames de la vie sans en être attristé : il ne les voyait pas. La fréquentation exclusive des Ravier faisait qu'il ignorait les méchancetés de la coterie des Gibassier. Si je lui eusse fait part de mes observations et des récits que j'entendais par mes rapports avec différentes personnes de l'établissement, Jacquem, effrayé, aurait peut-être demandé que sa demande d'entrée fût annulée.

En toutes choses, il est important d'étudier l'envers et l'endroit, la lumière et l'ombre : l'ombre ne manquait pas dans ce tableau d'intérieur où les mécontents formaient la majorité. Le cabinet du directeur était sans cesse assiégé de plaignants des deux sexes qui déposaient des accusations contre l'économe et le cuisinier.

Sur cinquante plaintes, il y en avait quarante-huit dirigées contre la cuisine, et je pus examiner un énorme dossier contenant jour par jour le cahier culinaire des griefs de la société Gibassier, qui ne demandait pas moins que le renvoi du cuisinier. Sur ce mémoire étaient inscrites les diverses qualités de viande, leur degré de cuisson, les sauces et leur nature, leur chaleur et leur tiédeur. Ce grand-livre de cuisine se divisait en potages, en viandes rôties, en ragoûts, en légumes, en poissons et en desserts, avec de larges colonnes d'observations où étaient détaillés les reproches des pensionnaires. Quand les détails manquaient, l'auteur du rapport se rattrapait sur les ensembles; il critiquait l'abus des viandes rôties, se plaignait de la mesquinerie des desserts, réclamait plus de poisson, et se montrait ennemi acharné des légumes.

Ce livre avait pour titre : *Observations de M. Gobin relatives à la nourriture des pensionnaires de Sainte-Périne.*

M. Gobin, un des plus singuliers pensionnaires de l'établissement, ainsi que la plupart des vieillards, se cramponnait en désespéré à la vie : dans cet espoir, il étudiait tous les livres qui traitent de la vieillesse, et se perdait dans des contradictions étranges. Il lui arrivait parfois de lire dans les journaux qu'une femme d'un grand âge venait de mourir après une vie très-calme. L'histoire du célèbre Cornaro, qui vécut jusqu'à l'âge de cent trente ans en ne mangeant que douze onces d'aliments solides et quatorze onces de vin par jour, le fit réfléchir; mais quelque temps après, le *Moniteur* ayant rapporté la nouvelle d'un vieillard de cent dix ans qui avait mené joyeuse vie, M. Gobin ne sut à quoi s'en tenir réellement sur le régime à adopter.

Il était rare qu'on ne le rencontrât pas sur les quais, fouillant les boîtes des bouquinistes pour y acheter de vieux volumes d'anas qu'il rapportait triomphant, heureux quand il y trouvait des faits incroyables, tels que l'homme mort à cent dix ans, et qui, une année auparavant, avait senti deux grosses dents lui repousser tout à coup; ce vieillard, à en croire l'auteur, ne buvait que de l'eau de scorsonère. Là-dessus, M. Gobin buvait pendant trois mois de l'eau de scorsonère. Un jour, il lut qu'un laboureur avait vécu jusqu'à cent onze ans, ne s'étant nourri que de pain d'orge sans levain et n'ayant bu que du petit-lait et de l'eau; dès lors, M. Gobin fit une pétition pour obtenir de l'administration du pain d'orge sans levain.

Je fus curieux de faire sa connaissance, et l'occasion s'en présenta facilement, car M. Gobin, par ses interminables histoires de Mathusalem, trouvait peu d'auditeurs complaisants dans l'Institution. Dès la première fois, M. Gobin m'avoua qu'il voulait arriver à l'âge de cent vingt ans, parce qu'il était certain qu'à cet âge les dents repoussaient ainsi que les cheveux, fait attesté et imprimé par le célèbre Chrétien Montrelidos, médecin de l'électeur de Brandebourg. M. Gobin était alors occupé de cette question importante, quoique fort délicate, de passer cent vingt ans, afin de vérifier les observations des médecins.

— Du reste, me disait-il, ces faits se sont présentés dans un âge beaucoup moins avancé. Mademoiselle Jeanne Thévenot, du village de Pennetier, près Trimolat, en Périgord, fut prise, à quatre-vingt-six ans, d'une fièvre qui fit tomber ses cheveux blancs ; ils repoussèrent noirs, redevinrent blancs, tombèrent encore une fois et redevinrent noirs. Il est vrai que mademoiselle Thévenot ne sortait jamais de chez elle pendant le mois de mars, ajouta-t-il. Je n'ai connaissance de ce fait que depuis avant-hier ; mais dès l'année prochaine, je me renfermerai pendant le mois de mars.

La bonne foi de M. Gobin, le sérieux qu'il apportait à raconter ces anecdotes m'illusionnaient parfois, et me faisaient oublier sa taille courbée et sa parole chevrotante. Je ne m'étonne plus que les médecins d'aliénés sentent quelquefois des chimères pénétrer dans leur cerveau. Depuis que j'étudiais les pensionnaires de Sainte-Périne, je me sentais vieillir à mon tour. Si, au premier abord, j'avais été surpris du singulier ton de cette société, maintenant je partageais presque les mêmes illusions, et je fus à peine étonné quand M. Gobin m'annonça que récemment, à Issoudun, une dame de quatre-vingt-quatorze ans s'était remariée en troisièmes noces avec un homme de cent cinq ans, et que de ce mariage étaient nés deux fils et une fille.

CHAPITRE III

Les pensionnaires de Sainte-Périne, à part leurs manies, semblaient des philosophes prenant en pitié les habitudes des grandes villes telles que Paris. Ils avaient réalisé le phalanstère de l'utopiste Fourier, et s'inquiétaient à peine de relations extérieures. Famille, femme, mari, enfants, tenaient une médiocre place dans le souvenir des vieillards, dont l'occupation consistait à veiller à leur entretien personnel. L'égoïsme, auquel tous les hommes sacrifient à des degrés différents, prenait un empire

considérable à mesure que les pensionnaires de
l'Institution avançaient en âge. Des maris étaient
séparés de leurs femmes, des femmes de leurs maris,
certains autres de leurs enfants; rarement la conversation roulait sur ces êtres noyés dans les flots
de la civilisation : la nourriture, la digestion, avaient
une importance plus réelle que les liens de la
famille. Il est vrai qu'on eût pu compter dans l'Institution quelques membres dont les familles s'étaient
débarrassées en payant la somme demandée pour
leur admission : sans doute, dans le principe, certaines natures délicates avaient souffert d'être
éloignées tout à coup de la société ; mais les liaisons
rapidement formées, le contentement qui se lisait
sur la majorité des physionomies, la vie en commun, les petites passions mises en jeu, la malignité, la curiosité et la gourmandise faisaient
oublier au nouvel entrant le rang qu'il avait tenu
dans un monde plus brillant. Aussi madame de la
Borderie fut-elle remarquée par l'empreinte de
tristesse qu'un séjour de deux ans dans l'établissement ne put effacer. Sur sa physionomie étaient
inscrites tant de souffrances morales, qu'elles inspi-
rèrent à tous les pensionnaires une sorte de respect.
Le sourire de cette femme distinguée faisait mal et
portait à la tristesse, car on le sentait voulu : sous

ses yeux n'en flottaient pas moins deux grandes paupières vides qui semblaient de grands sacs où s'étaient accumulées jadis bien des larmes.

Madame de la Borderie ne confia ses chagrins à personne; chacun les devinait et plaignait la pauvre femme, dont le fils occupait une haute position dans les ambassades. A part cette profonde amertume, il était visible que cette femme respectable cherchait à se rallier à la société, non pour se mêler aux propos d'intérieur, mais pour en affaiblir au contraire la malignité.

En sa présence, la conversation prenait une direction plus élevée, dont l'influence se communiquait aux natures distinguées. Une immense bienveillance s'attachait à chacune de ses paroles et pénétrait tous les cœurs. Si madame de la Borderie eût fréquenté les réunions de madame Gibassier, Sainte-Périne fût devenu un paradis terrestre; mais cette femme délicate, qui connaissait le monde, devina la contrainte qu'elle exerçait sur ces esprits malveillants. Quand elle paraissait, on se taisait; les quelques soirées que passa madame de la Borderie dans cette société lui parurent glaciales comme la peau d'un serpent. Le venin du Club des femmes malades ne trouvant plus à s'infiltrer, alors la conversation s'arrêtait court. Ces femmes se sentaient en présence d'un esprit supérieur dont la bienveillance était la base ; leurs pensées ne pouvaient se communiquer. Rien que l'arrivée de madame de la Borderie rompait le fil empoisonné qui servait de conducteur à l'esprit de la coterie Gibassier.

Madame de la Borderie vivait retirée dans son appartement, dont elle ouvrait rarement la porte aux désœuvrés ; mais, si une personne avait besoin de ses conseils, aussitôt elle se mettait à son service et ne craignait pas de voir troubler sa solitude : c'est ainsi que mademoiselle Miroy alla un matin frapper à la porte de madame de la Borderie, après en avoir obtenu l'autorisation la veille.

— Que se passe-t-il, ma chère demoiselle ? lui dit affectueusement la veuve, surprise du trouble qu'elle remarquait.

— Ah ! madame, ne m'interrogez pas, je ne saurais vous répondre ; j'ai tellement honte de mes propres pensées que j'ose à peine les analyser. J'aime, et je crains de n'être pas aimée ; je suis aimée, et je n'aime pas.

Madame de la Borderie devint soucieuse en entendant cette singulière confidence ; elle s'attendait à partager d'autres chagrins que ceux causés par l'amour. Jusque-là, prenant en pitié ces passions d'un autre âge, elle avait évité de se mêler aux intrigues amoureuses, naissant et renaissant sans cesse dans l'établissement.

— Hélas! ma chère demoiselle, répondit-elle, vous vous êtes trompée en venant à moi pour me demander conseil sur cette question : si j'avais su que l'amour causât votre trouble, malgré tout mon désir de vous être utile, je vous eusse prévenue combien j'étais ignorante en pareil cas.

Vous êtes trop bonne, madame, pour refuser de m'entendre... Oui, je suis folle d'aimer M. Perdrizet, sans cesse je me le répète, mais il n'a pas paru me repousser dans le principe! Alors je me suis laissé entraîner peu à peu; m'habituant à un bonheur chimérique, j'ai construit un nid où nos deux cœurs devaient reposer; j'en ai amassé un à un les brins d'herbe, la mousse, la plume; je me suis compromise pour celui que j'aimais.

— Je le sais, dit madame de la Borderie, et malheureusement peu de pensionnaires l'ignorent.

— M. Perdrizet ne devrait-il pas essayer d'arrêter les bruits fâcheux qui courent sur mon compte dans Sainte-Périne?

— Que vous a-t-il promis, ma chère demoiselle?

— Rien, hélas! c'est un inconstant.

— Pauvre femme! s'écria madame de la Borderie. Ne connaissiez-vous pas la réputation de M. Perdrizet?

— Au contraire, je savais combien il était volage. Peut-être sa réputation m'a-t-elle attirée ! Je me disais qu'il avait été mal aimé jusqu'alors, incompris, qu'on l'avait fatigué ; je me sentais assez de tendresse pour attacher l'inconstant et le fixer près de moi. Rien n'a pu faire naître la constance de M. Perdrizet : il n'est pas coupable, il n'a pas fait de serments ; mais je ne peux m'empêcher de l'appeler ingrat... Si vous saviez, madame, l'affreux remède qu'il m'a proposé ! J'en frémis encore... Vous savez que ma fenêtre donne sur un petit pavillon dont il occupe le second étage ; c'est là que j'ai reçu le trait mortel qui fera le désespoir de ma vie. Accusez-moi, madame, je n'essayerai pas de me défendre ; je mets ma faute sur le compte de la fatalité. Un matin, je tirai un coin de mon rideau pour regarder si l'humidité de la nuit ne m'empêcherait pas de descendre au parc ; j'aperçus à sa fenêtre M. Perdrizet qui interrogeait le ciel d'un regard mélancolique tel, que je crus à une sorte d'inquiétude ou de regret de sa part. Peut-être, pensais-je, la vie de célibataire lui pèse-t-elle ! On dit qu'à un certain moment de leur existence, les séducteurs sentent s'agrandir au dedans d'eux un vide au fond duquel rampent les ennuis. M. Perdrizet, repentant, m'inspira de l'intérêt. Je me dis que je comblerais ce vide accablant, que je remplirais sa vie, que j'essayerais de chasser l'ennui de son intérieur; ainsi l'a fait pour son mari madame Ravier, dont vous connaissez les prévenances et les affections conjugales. J'ouvris ma fenêtre. M. Perdrizet m'adressa un si vif sourire que je l'ai conservé là, dit mademoiselle Miroy en mettant la main sur son cœur.

En ce moment, sa figure refléta un éclair de joie qui fut terni presque aussitôt par un brouillard de tristesse.

— Oui, continua-t-elle, ce sourire seul pourrait adoucir mes chagrins en ce moment s'il avait continué à luire; il s'éteint de jour en jour, et demain peut-être il ne laissera plus qu'une trace noire et désolée.

— M. Perdrizet s'est-il expliqué franchement? demanda madame de la Borderie.

— Non, madame, et je préférerais un arrêt brutal à cette légèreté polie dont il ne se sépare jamais, mais qui est le signal trop certain d'un amour éteint. Je ne puis maintenant, de cette fatale fenêtre qui a causé tout mon malheur, le regarder sans angoisses!

— Je ne comprends pas bien, mademoiselle...

— Voilà ce qui arrive, madame. Au premier étage du pavillon, juste au-dessous de M. Perdrizet, demeure madame Désir, dont le mari s'est imaginé que je lui faisais des avances; me voyant chaque matin à ma fenêtre, il en a conclu qu'il avait affaire à une coquette et m'a répondu par des regards dont je n'ai pu méconnaître la flamme. J'aime M. Perdrizet, et il ne m'aime pas. M. Désir m'aime, et je ne l'aime pas. Jugez, madame, dans quelle triste situation je me suis plongée. Toute la journée, je suis attachée aux traces de M. Perdrizet : M. Désir me suit de loin. Quand je marche, il marche ; quand je m'arrête, il s'arrête. M. Désir n'ose venir à moi, et j'en remercie le ciel. Que lui dirais-je? Que je ne l'aime pas, que j'en adore un autre. Faire le malheur d'un galant homme, troubler un ménage uni, voilà ce à quoi je n'ose m'arrêter. Et cependant, madame, l'amour rend cruelle! Pour se guérir soi-même, on ne craint pas de faire subir mille tortures aux autres. J'ai voulu réveiller l'amour de M. Perdrizet ; j'ai répondu publiquement aux œillades de M. Désir, afin que M. Perdrizet s'en aperçût ou tout au moins qu'on s'en aperçût pour lui, et que le bruit en vînt à ses oreilles. L'ingrat n'a pas paru en souffrir ; il conserve son insouciance ; il est toujours gai, toujours empressé près des femmes : il semble ne pas se douter du fer rougi à blanc qui me brûle le cœur, et n'en fait pas plus mauvais accueil à M. Désir. M. Perdrizet n'est pas jaloux ; il ne m'aime pas, il ne m'a jamais aimée. Que faire, madame? donnez-moi un conseil, je vous en supplie.

Madame de la Borderie levait les bras, inquiète et irrésolue.

— Si vous vouliez parler à M. Perdrizet, continua mademoiselle Miroy, savoir ce qu'il pense, quelles sont ses intentions pour l'avenir. Ah! s'il se mariait, j'en mourrais.

— M. Perdrizet ne me paraît pas songer au mariage, dit la veuve.

— En êtes-vous certaine, madame?

— Tel que je le connais, dit madame de la Borderie, avec son caractère insouciant, sa nature indépendante, M. Perdrizet restera vieux garçon. Il n'est pas fait pour les joies du ménage, il ne les comprendrait pas.

— Tant mieux! s'écria mademoiselle Miroy, qui, ne pouvant épouser M. Perdrizet, rayonnait à l'idée qu'il n'épouserait pas d'autre femme.

— Quant à l'interroger sur ses intentions, cela est impossible, ma chère demoiselle; je peux recevoir les confidences de votre amitié pour lui, mais je ne voudrais pas servir d'auxiliaire dans une liaison que la morale n'admet pas.

— Que je suis malheureuse! s'écria mademoiselle Miroy fondant en larmes. Abandonnée par le monde, repoussée par celui que j'aime, en butte aux mauvais propos de madame Gibassier, sans parents, sans amis, je ne comptais que sur une personne; vous me repoussez, et je reste seule avec mon chagrin!

— Ma chère demoiselle, ne vous laissez pas aller ainsi à la douleur.

— Ne suis-je pas la plus infortunée des femmes?

— Jetez les yeux autour de vous, reprit madame de la Borderie, et vous verrez des souffrances bien autrement amères.

Ces mots avaient été dits d'un tel ton que mademoiselle Miroy en fut frappée et regarda la veuve. Les pleurs appellent les pleurs; la confidence de peines cachées réveille des peines endormies : les femmes se laissent entraîner entre elles à des torrents de larmes.

Pendant le récit de la pauvre abandonnée, les paupières de madame de la Borderie avaient changé de forme et de couleur, gonflées par des agitations intérieures. Un cercle d'un rouge éteint, des veines bleuâtres nombreuses comme des brindilles d'arbres s'étaient dessinés autour des yeux et tranchaient vivement sur le fond de pâleur générale de la physionomie. Madame de la Borderie avait pris les mains de l'amoureuse; ce simple contact révélait de profondes émotions. Mademoiselle Miroy fut frappée de l'alternance de chaleur et de froideur qui passa dans ses mains pour être remplacées par une moiteur fiévreuse et par une sueur glacée dont la variation subite annonçait un état maladif.

— Vous vous sentez mal, madame?

Madame de la Borderie fit un geste qui signifiait : « Laissez-moi. » Elle essaya de parler. Les sons de son gosier semblaient étouffés sous des sanglots qui ne pouvaient sortir. Cependant les yeux de la veuve étaient secs, comme le lit d'une rivière desséchée. Mademoiselle Miroy, que ses pleurs avaient soulagée, comprit combien madame de la Borderie devait souffrir de ne pouvoir répandre de larmes. La veuve, pour cacher sa douloureuse émotion, mit la main devant ses yeux; étendue dans son fauteuil, au lieu de la position droite qu'elle affectait habituellement, il était facile de voir qu'elle se livrait tout entière à son émotion, sans espoir de pouvoir la combattre.

Mademoiselle Miroy, n'osant troubler le silence de la veuve, inquiète de la douleur qu'elle avait réveillée, promenait ses regards autour de l'appartement et cherchait, sans y parvenir, à se rendre compte de cette souffrance subite.

Rien dans ce modeste appartement n'indiquait une personne se laissant aller à des idées d'abattement. Le mobilier et la décoration étaient d'une propreté exquise : des boiseries grises relevées par des socles noirs formaient le fond de la décoration. Le meuble en acajou était d'une stricte propreté. Pas de tableaux aux murs, rien sur la cheminée qui témoignât le moindre goût pour les babioles de la mode; aucun portrait, sinon, accroché à droite de la pendule, un cadre recouvert d'un crêpe, sous lequel un œil exercé pouvait deviner un profil masculin.

Dans cet appartement, où rien n'attirait le regard, mademoiselle Miroy fut frappée par ce portrait voilé qui évoquait un souvenir triste. Elle eut à peine le temps de se dire qu'à ce cadre étaient accrochés les chagrins de madame de la Borderie, lorsque celle-ci sortit de son état d'abattement et suivit du regard les yeux de mademoiselle Miroy.

— Oui, dit-elle, vous m'avez comprise !

Comme pour décharger son cœur trop plein, elle souleva le crêpe qui recouvrait une figure de jeune homme pleine de distinction, dont le nez, purement dessiné, la barbe blonde et les lèvres fines, semblaient appartenir à une race à la fois française et anglaise. Cette physionomie, d'une froideur diplomatique, poussait difficilement à la sympathie : dans chaque trait étaient inscrites les conventions du monde, l'exquise politesse, la distinction calculée et longtemps apprise; mais le peintre n'avait pu faire passer aucun des rayonnements du cœur sur cette figure glaciale.

— L'avez-vous perdu? s'écria mademoiselle Miroy, qui crut d'abord que ce profil avait dû être peint pendant la jeunesse de M. de la Borderie.

— Oui, il y a longtemps.

Là-dessus le silence régna dans l'appartement, mademoiselle Miroy craignant d'être indiscrète par ses questions et de ranimer la douleur de la veuve.

— Je ne veux plus le voir, dit madame de la Borderie en tirant le crêpe sur le portrait.

Et elle ajouta en se parlant à elle-même :

— Puisqu'il ne veut plus me voir...

Mademoiselle Miroy, indécise, se leva comme pour respecter les souvenirs de la veuve.

— Restez, ma chère demoiselle. Vous avez rouvert ma blessure sans le savoir, dit-elle en lui prenant la main ; je ne vous en veux pas. Qui sait si la Providence ne vous a pas appelée près de moi pour me soulager en vous faisant part de mes chagrins? Hélas! vous avez à en porter de lourds, mais que les miens sont cruels!

A son tour, mademoiselle Miroy fut frappée par l'accent, les gestes et la physionomie de la veuve. Un secret rongeait madame de la Borderie, et la minait peu à peu.

— Vous parlez d'affection trompée, ma chère

demoiselle, vous semblez en souffrir. Hélas! si le récit de mes chagrins pouvait adoucir les vôtres, je n'hésiterais pas à vous confier ce qui fait le désespoir de ma vie.

— Vous pouvez parler, madame, je suis dans une disposition à vous comprendre.

— Ce portrait que vous voyez couvert d'un crêpe, dit madame de la Borderie, est celui de mon fils vivant...

— Loin de vous?

— Il reste près d'ici, dans les Champs-Élysées; j'en suis plus séparée que s'il avait traversé la mer. Il vit, et il est moins vivant pour moi que s'il était mort... Ah! s'il avait pu mourir jeune, à l'âge où les instincts ne se sont pas développés dans leur froide cruauté, je l'aimerais encore, je le regretterais, m'imaginant que là-haut il s'intéresse à moi, qu'il m'attend; mais il est trop vrai qu'à dix pas d'ici, il habite un hôtel considérable, sans s'inquiéter jamais de sa mère.

— Pauvre femme! s'écria à son tour mademoiselle Miroy.

— Quelquefois je me demande s'il est bien mon fils, s'il est sorti de mon sein, continua la veuve. Ne suis-je pas la seule infortunée qui appelle en vain son fils? Y a-t-il d'autres fils ingrats sur la terre? S'il était uni à une femme qui n'ait pas voulu de moi dans son intérieur, je me serais résignée. C'est le sort des mères de se sentir sevrées tout à coup des tendresses filiales; mais il ne s'est pas marié, il vit seul dans son égoïsme sans comprendre quel coup il porte à mes sentiments maternels. J'ai été abandonnée par mon fils!

En même temps, madame de la Borderie embrassa d'un immense regard le cadre dont le crêpe annonçait qu'elle n'avait plus d'enfant. Ainsi entretenait-elle sa douleur par un emblème funèbre qui placé en face de son lit, ne pouvait échapper ni à son dernier regard du soir ni à son premier regard du matin.

Mademoiselle Miroy connut alors les illusions passagères qui se faisaient encore jour en elle, malgré une triste réalité. Tous les matins, la veuve s'attendait à voir entrer chez elle son fils; tous les soirs, elle priait la Providence de fondre la glace qui l'avait séparée à jamais de celui qu'elle ne pouvait s'empêcher d'aimer; renvoyée pour ainsi dire de son hôtel, madame de la Borderie ne voulait plus reparaître en présence de l'enfant dénaturé en qui tout bon sentiment semblait éteint.

Par instants elle n'accusait plus son fils, mais l'ambition dont il était atteint. Elle cherchait des motifs pour justifier l'ingrat; elle s'efforçait d'évoquer en elle les secrets motifs qui font agir un ambitieux, pour se rendre compte de l'absence du sentiment filial; mais, si elle parvenait momentanément à absoudre son fils, les cordes maternelles, éteintes un instant, vibraient plus douloureusement que jamais quand elles se réveillaient.

— Que faut-il faire pour lui plaire? s'écriait madame de la Borderie, qui, ayant fait le sacrifice de sa fortune à son fils, n'avait plus à lui offrir que son amour maternel.

Dans ce but, cette femme courageuse s'était enfermée pendant des années pour étudier l'histoire du passé : ce qu'elle dévora de livres fut immense, car elle eut le pressentiment que, pour deviner l'avenir des peuples, il faut avoir sondé profondément leur passé. Elle entrevoyait pour son fils une haute position dans la diplomatie, et elle songeait à devenir son Égérie, un conseil ignoré que personne ne pût deviner, un agent mystérieux, tendre et dévoué.

L'illustre veuve du célèbre la Borderie, qui laissa son souvenir attaché à une ambassade importante, passa les nuits et les jours à étudier les secrets motifs qui agitent les peuples et les nations. On la vit reparaître momentanément chez de grands personnages liés jadis avec son mari; tous furent étonnés des pensées profondes que cette femme avait puisées dans l'étude.

— Depuis quelque temps, dit-elle à mademoiselle Miroy, je songeais à revoir mon fils. Mon amour-propre ne souffrait plus de la froideur à laquelle je m'attendais ; je voulais l'étonner, lui montrer la route à suivre, lui tracer un plan de conduite pour l'avenir, lorsque je le rencontrai chez un ancien ministre de Louis XVIII. Il parut étonné de me voir, et me salua en m'appelant *madame*. Ce mot *madame* me fit froid, je crus que j'allais tomber. C'est ce soir-là que j'ai enveloppé d'un crêpe le portrait. Mon fils est mort !

CHAPITRE IV

Les sectateurs de l'ordre et de la régularité jetteront peut-être quelques pierres dans mon jardin à l'occasion de ces pages, dont la liaison ne paraît pas à la première lecture. J'obéis aux lois mystérieuses de l'enchaînement des faits sans chercher si mes drames répondent à la poétique habituelle des romans. Je ne me suis jamais prosterné aux pieds de l'*intérêt*, une fause idole à laquelle il est temps d'échapper. Que des esprits vulgaires cherchent dans des combinaisons surprenantes le moyen de réveiller la curiosité de leurs lecteurs, je l'admets; il faut appeler à son aide des moyens inférieurs quand l'étude des caractères manque. Je n'ai pas prétendu donner un roman complet, supporté par une charpente régulière ; mon seul but a été de peindre un intérieur peu connu, des portraits singuliers, des mœurs qui n'avaient point encore été décrites, et je n'ai pas voulu sacrifier à la facile méthode des romanciers dits *habiles*, qui ne manquent pas de faire danser tous leurs personnages à la ronde pour les marier à un moment, et les faire mourir au dénoûment. Le panorama de la vie ne se déroule pas de la sorte, et j'estime qu'il est curieux, au moins une fois, d'essayer de le suivre le plus près possible, sauf à jouir du résultat ou à en être victime.

M. Lébligeois fit tout à coup oublier mademoiselle Miroy par une modification inattendue dans sa toilette. D'habitude il portait au cou une cravate blanche, c'est-à-dire une sorte de mauvaise ficelle jaunâtre par endroits, ne jurant pas considérablement avec un menton hérissé de poils bleuâtres que son propriétaire ne coupait pas plus d'une fois par semaine. Un mauvais chapeau crasseux, dont le soleil avait décomposé la couleur sur le fond, une longue redingote noire blanchie aux coudes, jointe à un pantalon de la même famille, formaient le costume habituel de l'avare. Ses mains noueuses et pointues semblaient avoir peu de rencontres avec le savon ; la chevelure avait la même horreur du peigne.

Dans Paris, M. Lobligeois pouvait passer pour un philosophe, un savant, ou un maniaque. L'idée fixe qui le possédait le rapprochait des chercheurs de systèmes, des collectionneurs et des demi-fous qui rôdent aux alentours des bibliothèques, des cours publics, des musées et des ventes de tableaux.

Si la robe printanière de mademoiselle Miroy excita une vive curiosité dans Sainte-Périne, la redingote neuve et la cravate réellement blanche de M. Lobligeois surprirent davantage encore. Il est de ces gens chez lesquels la crasse des habits s'harmonise avec la physionomie : déplaisants à regarder, ils obéissent à la loi mystérieuse qui les a classés dans les êtres malpropres, de même qu'il y a des animaux infects. Avec ses habits graisseux,

M. Lobligeois obéissait à sa nature; il ne choquait pas, il était ainsi. La redingote neuve, la cravate blanche bien pliée jurèrent d'autant plus qu'un être foncièrement déplaisant l'est toujours par quelque côté : le pantalon, que M. Lobligeois n'avait pas renouvelé, n'en semblait que plus minable; le fond du chapeau paraissait plus jaune qu'avant l'essai d'embellissement de l'avare, dont les souliers appartenaient à la classe de ceux que le peuple de Paris appelle des *philosophes*.

Le soir, chez madame Désir, chez madame Gibassier et chez madame Ravier, un seul avis se fit jour à propos du cas particulier de M. Lobligeois.

— *Il aime!*

Cette singulière société rapportait tout à l'amour, comme ce juge italien qui, au début d'une affaire criminelle, cherchait d'abord où était la *femme*. Un jour on vint l'avertir qu'un couvreur était tombé d'un toit. — Et la femme? dit-il. Les agents répondirent qu'il n'était pas question de femme : en accomplissant son état, l'ouvrier avait glissé du haut du toit. Après enquête, le juge trouva que le couvreur cherchait à s'introduire dans la mansarde d'une jeune fille qui lui envoyait des baisers, et que, près d'arriver au but, le pied lui avait manqué.

A Sainte-Périne, la plupart des pensionnaires pensaient comme le juge; aussi M. Lobligeois fut-il bien et dûment convaincu d'aimer. Toutefois, l'opinion publique, qui avait raison quant au fond, s'égara dans les détails; ce ne fut que plus tard qu'on connut les drames qui s'étaient emparés de l'avare; mais le conteur n'est pas tenu à une logique précise.

L'Institution de Sainte-Périne est pourvue d'une concierge. Cette femme, qui habite un petit pavillon, donnant d'un côté sur la cour de l'établissement, de l'autre sur la rue de Chaillot, avait pour fille une charmante enfant dont la vivacité, les gais propos, les cheveux blonds cendrés et les yeux bleus firent longtemps la joie de la maison. De huit à quatorze ans, la petite Rose remplit l'Institution de sa gaieté et de sa jeunesse, qui formaient le plus singulier contraste avec toutes les vieillesses des promeneurs du jardin.

De même qu'on rencontre au fond d'ateliers de chiffonniers du faubourg Saint-Marceau des enfants rieuses aux fraîches couleurs, de même Rose, par ses courses et ses jeux dans le jardin, surprenait les visiteurs qui ne voyaient autour d'elle que vieillards malingres, ridés, se traînant avec peine. Une grappe de raisin, détachée du cep, ne ferait pas plus singulière figure à côté de vieilles grappes conservées dans un grenier.

Rose se faisait pardonner ses ébats par sa gentillesse et son heureux naturel : elle égayait, rien que par sa vue, les vieillards de l'établissement, qui se trouvaient reportés, en la voyant, à l'âge éloigné où ils couraient après des papillons, où ils faisaient de gros paquets de fleurs, vivant de la vie inconsciente sans que le cortége des chagrins, des maladies, de la soif de l'argent, eût développé sa longue et sinistre queue.

Rose avait les cheveux les plus beaux du monde; on eût dit des flocons de neige accumulés : le vent se jouait en toute liberté dans ces boucles cendrées et en dérangeait les anneaux comme un amant passionné. Cette admirable chevelure causa la perte de la jeune fille. A deux pas de l'arc de triomphe de l'Étoile est situé le bal Dourlans, aussi célèbre dans le monde hors barrière que l'est le jardin Mabile pour les filles en vue. A l'âge de seize ans, Rose, qui sentait en elle des tentations d'indépendance, alla danser au bal. Il ne manqua pas de danseurs qui lui firent des compliments sur sa chevelure; entre autres un comédien de la banlieue s'y prit si habilement que la jeune fille se laissa entraîner par ce tentateur à l'œil noir, dont les moyens de séduction consistaient en billets du théâtre de Courbevoie. Rose avait été élevée par ses parents dans la religion du mélodrame. Le véritable Conservatoire n'est pas rue Bergère : il existe à Paris dans toutes les loges de portiers, dont l'ambition consiste à applaudir leurs *demoiselles* sur les planches. Si la concierge de Sainte-Périne avait pu garder rancune à Rose de sa fuite, cette rancune serait tombée devant le choix du célèbre Lafourcade, qui faisait les délices des militaires de Courbevoie.

Le titre de premier rôle que portait Lafourcade en gros caractères sur les affiches, fit passer pardessus l'enlèvement de Rose, d'autant mieux que la jeune fille se sentit prise d'une double passion, celle du comédien et celle de la comédie. Rose, qui, à l'heure qu'il est, fait les beaux jours d'un petit théâtre, commença son apprentissage dramatique sous la protection de Lafourcade, et fut initiée dès l'abord aux mystères des coulisses.

Deux mois après sa fuite, quand elle rentra à Sainte-Périne, ce n'était plus une enfant, mais une jeune fille fatiguée par les misères de la vie, les privations de toute espèce et les travaux dramatiques, plus pénibles que le public ne se l'imagine. En deux mois, Rose avait dû exercer sa mémoire nuit et jour, afin de se faire un répertoire pour le moment où elle débuterait. Le directeur de la troupe ambulante de Courbevoie ne brillait pas par une caisse bien fournie : la proportion des recettes était de une sur cinq ; les appointements des acteurs s'en ressentaient, ainsi que la richesse de leurs costumes de ville et de théâtre. Ils étaient tenus, contrairement aux engagements dramatiques à se fournir eux-mêmes des vêtements nécessaires à la représentation : aussi le répertoire d'habits coûta-t-il à Rose encore plus de peine à fabriquer que le répertoire à apprendre par cœur. Qu'importe ! elle était *artiste :* c'est un titre avec lequel les directeurs font jouer des cabotins mourant de faim.

La concierge de Sainte-Périne présenta l'*artiste* aux pensionnaires de l'établissement. Rosette (c'était son nom de théâtre) fut complimentée ; les plus galants promirent de s'intéresser à ses débuts, pour lesquels elle venait placer des billets dans l'établissement. Rosette débutait à Passy dans les premiers jours de septembre ; elle jouait *en second* dans un vaudeville de M. Scribe, et elle comptait sur les applaudissements de ces messieurs, qui pourraient revenir de Passy par l'omnibus de dix heures. Quelques-uns alléguèrent leurs maladies, leur habitude de se coucher de bonne heure, entre autres M. Lobligeois, qui ne se souciait nullement de souscrire à un billet de premières loges du prix de trente sous.

L'avare, malgré les grâces de Rose, trouva moyen de refuser la souscription ; mais il arriva que M. de Capendias, le jour de la représentation, fut empêché par un accès de goutte qui lui rendait impossible le service de ses jambes, et il offrit son billet à M. Lobligeois. L'avare calcula que, la pièce finissant à neuf heures et demie, il lui serait loisible de revenir de Passy à pied, et il accepta par pure curiosité.

Cette représentation sembla donnée exclusivement pour les pensionnaires de Sainte-Périne, car la population de Passy s'intéressait médiocrement aux débuts de Rosette, et ne témoignait pas le même enthousiasme pour le beau Lafourcade que les militaires de Courbevoie. Les premières loges étaient occupées par divers groupes d'habitués des réunions de madame Ravier, de madame Désir et du club des femmes malades : ces dernières représentaient plus spécialement la critique.

Jamais je ne vis une si complète collection de vieillards, tous en habits de fête, se passant de riches tabatières de mode ancienne. La curiosité était à son comble : on eût dit des enfants assistant pour la première fois au spectacle et s'intéressant rien qu'à voir le rideau avec ses grands plis et ses torsades d'or. Peut-être une secrète pensée courait-elle en même temps dans l'assemblée : « C'est le dernier spectacle que nous voyons. » Il ne manqua même pas à la solennité de ces types de femmes singulières qu'on remarque aux premières représentations. Dans une petite avant-scène, au-dessus de la rampe, s'étalait une ancienne danseuse de l'Opéra, mademoiselle Bourdette, qui finissait tranquillement ses jours à Sainte-Périne, après avoir renoncé à la folle vie de théâtre. Au déclin de ses jours, elle s'était prise de passion pour le jardinage, ainsi que beaucoup de vieillards, qui cherchent à oublier les faussetés de la civilisation en se retrempant au sein de la nature; mais l'annonce du spectacle avait rappelé à mademoiselle Bourdette ses anciennes pompes, et elle portait une robe de couleur éclatante, garnie de lophophores resplendissants. A côté d'elle était M. Cèdre, un des plus modestes pensionnaires de l'établissement, qui travaillait depuis dix ans à un grand ouvrage intitulé : *la Flore de Sainte-Périne,* où étaient décrits les mousses, lichens et autres petites herbes logées entre les pavés.

Une autre personne occupait les regards de la foule : mademoiselle Clarita, femme-poëte, qui rédigeait un journal de tailleurs et protégeait Lafourcade. C'était une forte femme, avec un gros front, des cheveux coupés à l'enfant, une physionomie masculine, et le bruit se répandit dans la salle qu'elle portait des bretelles, pour se rapprocher autant que possible de l'homme. Avant la comédie, Lafourcade, pour la récompenser de sa protection, eut la galanterie de chanter la fameuse romance :

> Mon égoïsme à moi, c'est toi,

qui avait fait la fortune littéraire de mademoiselle Clarita, et les spectateurs n'eurent pas assez d'enthousiasme pour cette romance, rehaussée par une tendre mélodie.

M. Destailleur accompagnait nécessairement mademoiselle Chaumont et la comblait de prévenances. Seul, au milieu de l'orchestre, M. Lobligeois sentait son isolement, ce qui ne lui était jamais arrivé. Pour lui, les politesses, les compliments faisaient défaut : on ne lui empruntait pas de lorgnette ; il ne pouvait rendre ces petits services qui font le charme de la société, et, pour la première fois, il s'aperçut que chacun avait des habits de fête. Les dames portaient de vieilles dentelles, qui n'étaient pas sorties des tiroirs depuis bien des années : les messieurs, des cravates brodées : quelques-uns avaient arboré le jabot de l'ancien temps, sur lequel ils laissaient tomber avec préméditation quelques grains de tabac pour jouer de la main sur les broderies avec la coquetterie qui agite un éventail dans les doigts ambrés d'une senora.

Madame de la Gorgette illuminait le théâtre par sa beauté triomphante ; ce fut à cette soirée que M. Perdrizet compara sa poitrine à une corbeille. Pour lui, il sautillait de loge en loge et semblait un pinson à lunettes d'or. De l'orchestre, on devinait son caquetage spirituel aux aimables sourires féminins qui l'assaillaient. Le lustre semblait envoyer tout exprès ses rayonnements lumineux sur le crâne luisant du chef de bureau, et mademoiselle Miroy, au fond de sa loge, soupirait de la trop coquette galanterie de son adoré.

Madame de la Borderie, tout entière à ses chagrins, avait souscrit pour deux billets en priant Rosette de la dispenser de venir ; mais madame Ravier était accompagnée de Jacquem, qui soupirait toujours après son admission à Sainte-Périne. Dans le couloir étroit qui contient quelques places pour les musiciens, on remarquait M. Ravier, qui avait voulu rehausser la solennité de la représentation en prêtant le concours de son talent aux deux ménétriers de Passy qui accompagnent habituellement le vaudeville.

La pièce commença, et, dès la seconde scène, Rosette parut habillée en étudiant allemand. A la vue de cette séduisante petite personne, le corps serré dans une redingote à brandebourgs, un pantalon gris collant, des bottes à la Souvaroff, une mignonne casquette de velours jetée coquettement sur le coin de l'oreille, un murmure d'enthousiasme éclata par toute la salle.

— Qu'elle est jolie! et bien habillée! et bien coiffée! disait-on.

— *Tcharmante! tcharmante!* s'écriait M. de Flamarens assez haut pour qu'on l'entendît de la scène.

Rosette fut troublée de cet accueil : son *rouge* la brûlait; ses habits d'homme la gênaient. Les planches ne pouvaient plus la porter; elle respirait à peine, et il lui resta juste assez de force pour s'appuyer contre un arbre et s'incliner devant le public enthousiaste qui tourbillonnait devant ses yeux.

Toutefois les applaudissements la firent revenir à elle, surtout les encouragements de M. Flamarens qui, de sa voix aiguë : *Tcharmante! tcharmante!* aurait donné du cœur à de plus timides qu'elle.

De toutes ces bruyantes approbations, une seule déplut particulièrement à M. Lobligeois, celle de

M. de Flamarens. L'avare se sentait pour ainsi dire passé dans le corps de la débutante, et il distinguait par-dessus tout ce mot *tcharmante,* qui prenait une singulière expression d'être prononcé par une voix vibrante, rendue encore plus significative par l'absence d'une dent de la mâchoire supérieure : cette dent tombée était le seul défaut de M. de Flamarens, jadis un des courtisans les plus élégants de la cour de Louis XVIII, et qui avait conservé, de son ancienne situation à la cour, un caractère de distinction devant lequel chacun s'inclinait encore à Sainte-Périne. M. de Flamarens se tenait droit malgré sa haute taille ; il eût résolu le problème du parfait vieillard, si une demi-obésité n'eût contrarié la verdeur de sa vieillesse.

Toujours vêtu d'un habit bleu à boutons d'or, d'un gilet irréprochablement blanc, ganté avec soin, M. de Flamarens semblait le dernier flacon de ce parfum de bonne compagnie que notre époque a laissé évaporer. Sa bouche était sans cesse souriante, son œil bleu caressait les femmes. Peut-être des joues un peu luisantes attestaient trop de soins et de précautions hygiéniques. Madame Gibassier prétendait que M. de Flamarens conservait la fraîcheur de son teint en s'appliquant la nuit sur la figure des rouelles de veau : une calomnie. Les dépenses que faisait l'ancien courtisan, chez un parfumeur du faubourg Saint-Honoré, suffisaient à entretenir le visage dans un état verni un peu bizarre.

M. Lobligeois, jaloux de M. de Flamarens, ne se l'avouait pas encore; cependant, après s'être retourné vers le galant interrupteur, qui, des fauteuils de la galerie, se penchait vers Rosette en frappant légèrement l'une contre l'autre ses mains gantées, M. Lobligeois rentra les siennes dans ses poches. L'artistique nœud de la cravate de l'ancien courtisan rappela à l'avare qu'il portait au moins depuis un mois une sorte de ficelle au cou, et les boutons ciselés de l'habit de M. de Flamarens, sur lesquels se jouait la lumière du gaz, lui firent penser qu'il manquait deux boutonnières à sa redingote jaune. Combien M. Lobligeois eût voulu crier bravo, faire sonner ses mains comme un tambour et manifester un violent enthousiasme pour être remarqué de Rosette! car elle devait avoir recueilli comme des diamants les encouragements de M. de Flamarens; mais l'avare n'osait donner cours à son admiration. Ignorant des formules d'approbation employées par les spectateurs du grand monde, il eût rougi d'applaudir, et ne pouvoir rendre son désir le rendait malheureux.

Le hasard fit que Rosette jeta un regard dans l'orchestre et qu'elle rencontra les yeux de M. Lobligeois. L'avare ressentit un tressaillement tel qu'il n'avait jamais éprouvé pareille sensation : la décharge d'une machine électrique, le frissonnement qui parcourt la moelle épinière à de certains passages d'une symphonie pathétique, les palpitations communiquées à toutes les fibres par le bruissement de l'or, le rappel à la vie par l'éther ne produisent pas de secousses plus douces que celle causée à l'avare par un simple regard de Rosette. M. Lobligeois en fut enivré ! Il y a dans le manége des yeux d'une actrice un sentiment qui caresse d'autant plus l'amour-propre, qu'elle regarde un homme quand tant d'yeux avides autour d'elle implorent cette faveur. En un instant, l'amour de l'or fut remplacé par l'amour de la femme. M. Lobligeois sentit poindre en lui un sentiment nouveau si vivant et si doux qu'il n'essaya pas de le combattre : une petite flamme s'allumait qui menaçait peut-être plus tard de l'embraser tout entier. L'avare ne comprit pas le danger; au contraire, il cessa de respirer dans la crainte d'éteindre cette flamme légère qui le remplissait de chaleurs inconnues. La femme lui fut révélée; il méprisa l'argent.

De nouveaux horizons s'ouvrirent dans le lointain,

avec des couleurs de lever de soleil. La vie s'élargissait pour M. Lobligeois. Il se dit que jusque-là il n'avait pas vécu ; il eut pitié de son existence mesquine, du rôle égoïste qu'il avait joué jusqu'alors ; ses vêtements, le peu de soin de sa personne, lui firent honte.

Rosette continuait son rôle ; M. Lobligeois ne s'intéressait en rien à la pièce. Il ne voyait qu'une femme devant lui, la physionomie souriante, le timbre frais et jeune, des formes fines et enfantines qui le plongeaient dans le ravissement. Quand Rosette chanta son premier couplet, M. Lobligeois pensa aux rossignols, quoique de sa vie il ne se fût inquiété du chant des oiseaux. La nature reprenait tout à coup ses droits qu'elle n'abandonne jamais.

Il est peu d'hommes, à n'importe quelle classe ils appartiennent, qui puissent se vanter, à leur heure dernière, de n'avoir pas payé leur tribut à l'amour. A son tour, M. Lobligeois, qui avait entendu, sans y prendre garde, tant d'histoires de galanteries, était entraîné par l'amour dans des prairies embaumées.

Le vaudeville terminé, M. de Flamarens cria le premier : Rosette ! Rosette ! et M. Lobligeois, perdant toute timidité, se laissa aller à rappeler l'actrice avec toute la salle. Sa voix avait pris de telles inflexions qu'il en fut surpris lui-même : il criait Rosette, et il craignait de crier amour ! Il lui semblait que chacun devait deviner ses sentiments à la façon dont il rappelait la débutante.

Rosette reparut, s'inclina devant les spectateurs avec un sourire plein d'une charmante émotion; mais un bouquet, parti des premières loges, fit tressaillir douloureusement l'avare, qui crut que ces fleurs avaient été lancées par M. de Flamarens. Aussi attendit-il avec émotion que le gros de la foule fût passé pour essayer de revoir Rosette. Son intention était de la retrouver à la sortie du spectacle, de lui offrir de la ramener chez sa mère à Sainte-Périne.

En sortant de l'orchestre, M. Lobligeois aperçut un noir enfoncement dans le corridor qui conduit aux coulisses. Quel sacrifice n'eût-il pas fait alors pour complimenter Rosette et la voir de près dans son coquet habit d'étudiant allemand ! L'intérieur du théâtre, avec son mirage auquel peu d'hommes échappent, se présenta à l'avare tel que se le peint un jeune élève de rhétorique. Rosette n'était plus une femme à ses yeux, mais une actrice dont les regard animent le cœur d'une chaude flamme. Ce sont de telles pensées qui conduisent à Bicêtre une douzaine de fous amoureux des reines. A cette heure, M. Lobligeois était réellement atteint de folie, oubliant sa passion de l'or, pour se retremper dans une autre passion non moins fiévreuse.

Il attendit ainsi une heure, à la porte du théâtre, la sortie de Rosette, et jamais le temps ne lui parut plus long. Il eût souffert davantage s'il n'avait pas eu la certitude du départ du galant M. de Flamarens ; mais les pensionnaires de Sainte-Périne, de peur de manquer le dernier départ de l'omnibus de Passy, avaient quitté précipitamment le théâtre. M. Lobligeois ne se préoccupait plus maintenant que de l'explication à donner de son attente dans la rue ; quel motif alléguer pour se présenter en face de Rosette ? L'émotion ne gagnerait-elle pas l'avare ? Trouverait-il l'occasion de toucher un mot de ses secrets sentiments ?

Un moment suffit pour assoupir les craintes de M. Lobligeois et faire naître en lui de nouvelles amertumes. A un certain timbre de voix rieuse, l'avare comprit que Rosette sortait du théâtre ; quelqu'un lui donnait le bras, et un accent méridional prononcé ne permettait pas de douter que le comédien Lafourcade reconduisait la jolie débutante, qu'il osait tutoyer.

Vers minuit, le quai qui conduit de Passy à Chaillot est désert ; les lumières de Paris brillent au loin, la Seine coule lentement. De gros bateaux de charbon sont amarrés, noirs et privés de mouvement. M. Lobligeois revint seul, le long du quai, plongé dans une sombre mélancolie, jetant un regard inquiet sur les ponts déserts, du haut desquels il pensait à se jeter Le tutoiement de Lafourcade l'avait glacé; le doux feu follet qui avait sautillé en lui pendant le spectacle était remplacé par un mauvais tison éteint de décembre. L'avare eut le sentiment de sa vieillesse, plus triste et plus désolée que le quai à cette heure. Que n'eût-il pas sacrifié en ce moment pour retourner trente ans en arrière, à l'âge où l'homme peut encore changer ses habitudes, vaincre ses passions, se plier aux exigences de la vie? — Que faisais-je à trente-huit ans? se demanda M. Lobligeois. Une symbolique et froide figure de l'argent, qu'il avait adoré sous toutes ses formes, se présenta à l'avare. L'épargne, l'économie, l'avarice, s'étaient emparées tour à tour du jeune homme, de l'homme, du vieillard, et avaient enterré toutes les fantaisies qui flottaient alors autour de lui. La solitude vint à la suite de la soif de l'or, car la société des hommes amène toujours quelque dépense.

Pour accumuler avec plus de sûreté, M. Lobligeois avait fui toute relation de famille. Il s'était réfugié aux environs de la barrière d'Enfer, dans une maison de laitier, afin d'échapper à certains neveux et cousins dont quelques-uns étaient dans la gêne. L'avarice amena la solitude: la solitude, une sorte de déguenillement. Vivant uniquement pour lui, logé dans un faubourg, au fond d'une cour pleine de fumier et d'animaux, M Lobligeois n'avait pas de toilette à faire : il contracta ainsi des habitudes de vivre misérables, dont il fut forcé de se défaire à son entrée à Sainte-Périne. Il en eût sans doute été repoussé lors de l'enquête qui fut faite sur sa demande d'admission, si un pair de France, son compatriote, n'avait poussé chaudement l'affaire; mais avant de recevoir l'avare, le directeur lui fit comprendre qu'à défaut de luxe, une mise convenable était exigée par les règlements, et M. Lobligeois, tout en soupirant, alla se fournir chez un fripier des vêtements dont la couleur seule indiquait le caractère du nouveau pensionnaire.

Ce fut après cette représentation, en revenant seul par les quais, que M. Lobligeois rougit de son costume. Rosette, dans son habit de velours de théâtre, était si charmante qu'il semblait impossible de se présenter à côté d'elle en mauvais équipage. L'avare devina alors le rehaussement que donnent la toilette et l'apparence de jeunesse, puisée dans des soins particuliers du corps.

Par la coupe de ses habits, leur couleur et divers ingrédients hygiéniques, M. de Flamarens pouvait se donner seulement cinquante ans. M. Lobligeois se promit d'étudier le gentilhomme et d'essayer de surprendre quelques-uns de ses secrets; mais ces réflexions ne vinrent qu'une à une, lentement, jour par jour, à force de creusements d'imagination. Sans doute, dès le lendemain, M. Lobligeois remplaça son paletot jaune par un habit; mais l'habit ne fit ressortir que plus vivement les taches du pantalon, l'éraillement des genoux, les reprises grossières du bas des jambes. L'avare, tout en se combattant, décida de l'acquisition d'un pantalon dans un magasin de confection; les souliers énormes de porteur d'eau jurèrent plus avec le pantalon neuf que le vieux pantalon avec l'habit neuf. Quand les pieds furent chaussés convenablement, la tête ne voulut plus être abritée sous un feutre râpé, graisseux, portant sur le fond la livrée du soleil. M. Lobligeois acheta un chapeau neuf, au grand étonnement des pensionnaires.

A la suite de chaque acquisition nouvelle, il alla chez la concierge, sous le prétexte de la consulter. Il espérait rencontrer Rosette chez sa mère ou apprendre de ses nouvelles. Heureuse et fière de son enfant comme toutes les mères d'actrices, la concierge ne manquait pas de donner un bulletin détaillé des succès de sa fille, à qui, disait-elle, on offrait le plus brillant engagement à *Montpernasse*. Elle n'eût pas prononcé avec plus d'ostentation le mot de Comédie française. Grâce à son oreille complaisante, M. Lobligeois profita des conseils de la concierge, qui le persuada de ne pas s'en tenir à une simple réforme dans les vêtements extérieurs, mais encore de se fournir de linge, de mouchoirs, de cravates et de faux-cols chez une marchande à bon compte du faubourg du Temple. En moins de huit jours, M. Lobligeois, devenu savant en amour, chargea la concierge de s'occuper de ces acquisitions, pensant toutefois, non sans raison, qu'elle prélèverait quelque commission sur ses achats.

La mère de Rose ne prit guère plus d'un tiers en sus du prix du linge, et elle fut d'autant plus émerveillée des prodigalités de l'avare, que rien jusqu'alors n'avait pu les faire soupçonner. Moyennant une légère rétribution, elle se chargea de marquer les chemises et les mouchoirs, ce qui donna à M. Lobligeois l'occasion de fréquenter assidûment la loge ; mais il fut récompensé de ses folles dépenses par la rencontre de Rosette, qui, un matin de printemps, apparut avec le plus frais chapeau de paille qui se pût voir. La vie d'actrice lui avait communiqué une élégance qui acheva de tourner la tête de l'avare. A l'aspect de Rosette, il fut pris d'un frémissement particulier qui lui coupa les jambes et la voix. Il ne pouvait parler, et il fut forcé de s'asseoir. La concierge avait un tel enthousiasme pour sa fille, qu'elle ne prit pas garde à l'émotion de M. Lobligeois.

— Comme tu es belle! disait-elle à Rose; et elle forçait le vieux pensionnaire à se répandre en admirations semblables.

— C'est M. Lobligeois, reprit la concierge, ne le reconnais-tu pas?

En même temps elle servait, sans s'en douter, les désirs du vieillard amoureux, car elle répétait à sa fille l'admiration que M. Lobligeois avait pour son talent, le plaisir qu'il éprouva à la représentation de Passy et son intention d'aller la voir jouer de nouveau. Rosette sourit et dit qu'elle n'oublierait jamais les marques d'encouragement que lui avaient données les pensionnaires de Sainte-Périne.

— Si monsieur tient à me voir dans un rôle nouveau, la semaine prochaine nous donnons, à Courbevoie, la première représentation d'un drame dans lequel j'ai un rôle ravissant, le meilleur de la pièce : un petit paysan italien qui tient presque constamment la scène... C'est moi qui découvre le criminel... Le rôle est difficile à apprendre; mais j'aurai bien du succès, ma bonne mère!

— Il y a donc des brigands? demanda la concierge.

— Sans doute, puisque je fais découvrir leur caverne.

Rosette ayant ajouté que le drame était traversé par un tyran farouche, une princesse persécutée, une horde de malfaiteurs, sa mère en conclut que le théâtre de Courbevoie serait trop petit pour contenir les amateurs de drame; et M. Lobligeois promit d'assister à la représentation, afin de rendre compte du résultat à la concierge, qui ne pouvait s'absenter de sa loge.

CHAPITRE V

On s'imagine combien la représentation donnée à Passy par Rosette enfanta de propos dans la société Gibassier. Il en est ainsi dans tous les petits centres, où les mêmes individus sont forcément mis en jeu.

A l'exception d'un certain nombre d'hommes et de femmes qui, ayant occupé jadis une grande position, allaient parfois le soir dans le monde et se tenaient dans une aristocratique réserve vis-à-vis de la classe moyenne de Sainte-Périne, les pensionnaires vivaient entre eux, et leurs observations ne pouvaient guère les porter qu'à la malignité.

Madame Gibassier, dont la tendance d'esprit hargneuse trouvait sa satisfaction dans un petit cercle, avait longtemps cherché avant de réunir des auxiliaires dans son appartement. Tout d'abord, elle eut mille soins pour un ancien officier supérieur d'artillerie, que la guerre avait réduit à une complète surdité. Le lieutenant-colonel Roustamy servit d'enseigne au salon de madame Gibassier : il commandait le respect par son nom; ce fut une conquête précieuse.

Un ancien consul paralytique, qu'on amenait chaque soir dans un fauteuil à roulettes, trouva dans cette société dénigrante une sorte de compensation à ses maux. N'espérant plus guérir, après avoir essayé de tous les remèdes et couru toutes les eaux d'Europe, l'ex-consul n'était pas médiocrement satisfait d'entendre médire de tous les gens vivants qui conservaient l'usage de leurs membres. Les plus violentes calomnies ne l'effrayaient pas, et le lieutenant-colonel, grâce à sa surdité, pouvait les prendre pour des affabilités.

L'Institution contenait une cinquantaine de vieilles filles entre lesquelles madame Gibassier fit un tirage. Certaine de s'entendre avec celles dont le célibat avait aigri le caractère, la veuve, sans se connaître en observations physionomiques, fit des avances aux nez les plus pointus et aux lèvres les plus minces. Et son choix donna raison à la science de Lavater.

Si l'on joint à ce personnel une vieille marquise condamnée, par une affection nerveuse, à un branlement perpétuel de la tête, une aveugle chagrine et une dame qui laissait échapper de temps en temps une sorte d'aboiement, on aura une idée du Club des femmes malades, présidé par madame Gibassier, dont le fauteuil, plus élevé que celui de ses visiteuses, était situé entre la chaise longue de l'ancien consul paralytique et la bergère du lieutenant-colonel sourd.

Saint Sébastien n'a jamais été plus criblé de flèches par les peintres que la personne mise sur le tapis, lors de ces fameuses soirées qui se tenaient seulement deux fois par semaine, car madame Gibassier avait compris que le dénigrement trop souvent répété amène une monotonie fatigante; les autres jours, aidée par deux vieilles filles qui lui servaient de fidèles lieutenants, elle taillait de la besogne pour les jours de réception.

Justement, le lendemain de la représentation de Rosette fut un des lundis de madame Gibassier.

— Quel dommage, mon cher monsieur, dit-elle au consul, que vous n'ayez pas pu assister hier au théâtre de Passy ! Nous en avons vu de belles !

— Madame Gibassier, que vous seriez aimable de me donner quelques nouvelles !

— Je ne sais vraiment par où commencer, tant il s'est passé de choses...

Tout le club donna alors son avis : l'une proposait de mettre en avant M. de Flamarens, l'autre citait mademoiselle Bourdette ; celle-ci s'emparait de mademoiselle Chaumont, celle-là de mademoiselle Miroy, car il est bon de constater que les vieilles filles s'occupaient encore plus des vieilles filles que des veuves. Les lois mystérieuses des corporations qui font qu'un cocher, causant à la station avec un autre cocher désœuvré, ne parle que de courses et de voyageurs, de même que les comédiens ne s'occupent que de leurs camarades, et que les couvreurs admirent la couverture d'un toit, expliquent cet acharnement des vieilles filles à se dénigner entre elles. Si le lieutenant-colonel n'eût été sourd, il eût frémi du caquetage de toutes ces femmes s'entre-déchirant; rien ne pouvait plus froisser son tympan, pas même les aboiements de la vieille dame qu'on avait placée à ses côtés, afin que le cercle en fût débarrassé.

— Mesdames! mesdames! s'écria madame Gibassier en réclamant le silence, si vous parlez toutes ensemble, vous risquez de ne pas vous faire comprendre. Il me semble, d'ailleurs, que vous vous exercez sur trop de personnes à la fois... Il est bon de ne pas éparpiller son esprit, sous peine de le perdre... Je vous demande la permission de m'occuper un moment de la singulière robe que portait insolemment mademoiselle Bourdette à cette représentation. A-t-on vu pareille audace de s'habiller avec une étoffe de théâtre? Une garniture de lophophores resplendissants à l'âge de cette ancienne danseuse! Vraiment, il n'y a dans l'Institution que M. Cèdre pour se montrer en compagnie d'une telle mascarade!

— Est-ce que M. Cèdre serait épris de mademoiselle Bourdette? demanda l'ex-consul.

— Le pauvre homme n'y pense guère; il a été entraîné de force par la danseuse pour lui servir de cavalier; aucune de ces dames, vous le pensez, n'eût consenti à accompagner mademoiselle Bourdette vêtue comme une reine de théâtre.

— Certainement, dirent en chœur les vieilles filles.

Un aboiement de la dame nerveuse sembla résumer le débat.

Là-dessus on discuta sur la question de l'admission des femmes de théâtre à Sainte-Périne. L'administration de l'assistance publique recueillit un blâme général dans cette circonstance. Les dames de cette coterie se disaient confites en dévotion, pour aller le dimanche aux offices de la chapelle de l'établissement; et il fut décidé que plusieurs d'entre elles tâteraient l'aumônier, l'abbé Falaise, afin de faire réprimander vertement mademoiselle Bourdette de la robe qu'elle avait tirée de son coffre, robe certainement profanée jadis sur les planches de l'Opéra.

Puis vint le tour de mademoiselle Miroy d'être exposée au pilori. Son crime consistait en une inattention marquée de la comédie et une attention profonde pour chacun des mouvements de M. Perdrizet.

— En omnibus, dit madame Gibassier, je lui ai demandé de m'éclairer sur un passage du drame, que je feignais n'avoir pas compris; mademoiselle Miroy est restée béate sans pouvoir me répondre. Certainement elle n'a pas entendu un mot de la pièce, cette folle qui s'imagine que M. Perdrizet passe son temps à soupirer pour elle.

— On dit, reprit amèrement une vieille fille, qu'elle pense à se marier avec lui.

— Si cela était, dit madame Gibassier, nous y mettrions bon ordre. Je ne comprends même pas que nous laissions de telles intrigues se nouer autour de nous.

— Madame Gibassier a raison.

— N'ai-je pas vu dans le principe M. Perdrizet s'exposer à de graves accidents en passant les nuits sous les fenêtres de sa belle?

— Mais aussi le directeur s'est interposé.

— Qui l'a prévenu, s'écria madame Gibassier, sinon moi, par un petit mot adroit dont il ne pouvait soupçonner l'origine? Ne pourrait-on employer le même moyen avec plus de précautions encore pour avertir mademoiselle Miroy du danger qui la menace?

En ce moment, les vieilles filles, défendant la corporation, semblaient prendre parti pour mademoiselle Miroy contre M. Perdrizet, qu'on avait remarqué tournant autour de madame de la Gorgette. Le petit chef de bureau fut déclaré un effronté *coureur*, par la raison qu'il n'avait jamais adressé le moindre hommage à aucun des membres du club féminin.

Ces propos étaient coupés de temps en temps par

l'étrange aboiement de madame de Lacourtie, que cette infirmité fit placer à Sainte-Périne. La pauvre femme souffrait de cette maladie, qu'elle ne pouvait vaincre, et qui l'isola forcément de la société. Madame Gibassier s'en était emparée dès son arrivée; le fond de sa politique consistait à s'abriter sous l'influence des noms et des titres nobiliaires. Craignant d'être repoussée des pensionnaires par son infirmité, madame de Lacourtie se laissa entraîner dans le club, et elle ne s'aperçut que plus tard de la terrible organisation dans laquelle elle était entrée; d'un caractère faible, connaissant les méchancetés dont madame Gibassier et ses amis abusaient, elle n'osa se séparer du club des femmes malades, et si elle ne prêtait pas son concours aux mauvais propos, aux lettres anonymes, elle semblait les approuver par sa présence.

Madame Gibassier n'en demandait pas plus; son seul but était d'être protégée par de nombreux complices, courageux ou timides; mais il était nécessaire d'en imposer aux pensionnaires de l'Institution par un certain groupe, et la méchante femme y avait réussi. Le nom de madame Gibassier n'était prononcé dans Sainte-Périne qu'avec terreur. Combien de pensionnaires détournaient la tête quand elle attachait sur eux son regard observateur, qui jaillissait comme une flèche d'une prunelle d'un vert clair, presque toujours cachée derrière des paupières clignotantes et ridées! Cet œil faisait penser à un tigre nonchalamment étendu sur le sable, d'une parfaite tranquillité en apparence, que le moindre bruit réveille aussitôt.

Madame Gibassier, toujours aux aguets, avait une physionomie de la famille de celle des gens de police, dont le regard va de droite à gauche et s'arrête rarement à l'horizon. On eût dit que madame Gibassier voyait par le dos, à de brusques réponses qu'elle faisait tout à coup à des personnes qui s'étonnaient d'avoir été observées sans s'en douter. Les traits secs et tranchants de madame Gibassier ne prêtaient pas en faveur de la couleur de ses observations; on sentait que les meilleures actions racontées devant elle devaient se dissoudre comme des perles dans du vinaigre. Parlant peu, mais nettement, madame Gibassier s'était emparée facilement d'une sorte d'autorité sous laquelle les habitués de son salon pliaient sans mot dire. D'un geste, d'un regard, elle arrêtait les conversations les plus animées, et les béquilles doubles, qui se dressaient à chacun des côtés de son fauteuil, prenaient la forme d'instruments de supplice. Quand la discussion était lancée trop vivement pour que les adversaires pussent se soustraire aux gestes et aux regards de la présidente du club, un coup sec, produit par le choc des deux béquilles l'une contre l'autre, était plus impérieux que toutes les sonnettes des assemblées délibérantes.

M. Gobin lui-même cessait ses doléances sur la cuisine et craignait autant ces avertissements que si la mort fût venue, de son doigt sec, frapper deux coups à sa porte le matin. Quoique les femmes soient peut-être moins sujettes que les hommes aux terreurs que cause la mort aux vieillards, les statistiques rassurantes sur la durée de la vie, les faits nombreux dont M. Gobin avait toujours une forte provision étaient écoutés avec une certaine attention par l'assemblée.

On se moquait parfois de M. Gobin après son départ, mais on le supportait, et il était un des rares habitués du salon qui eussent le droit de tenir quelque temps le dé de la conversation. Il était d'ailleurs protégé par l'ex-consul paralytique, qui se cramponnait à la vie avec rage. Depuis que M. Gobin eut raconté le cas singulier d'un homme qui, après s'être brisé les jambes en tombant d'un sixième étage, avait vécu soixante-quatre ans dans un lit sans pouvoir faire usage de ses membres, il eut un ami dévoué dans la personne du consul. La maladie chronique est une sorte de prison à perpétuité qui laisse encore de l'espoir au malade ainsi qu'au prisonnier : des rêves de santé travaillent les uns, comme l'espoir de la liberté s'empare des autres.

Grâce à son répertoire d'anecdotes, M. Gobin était supporté dans le salon Gibassier, et il assistait aux conférences sans prendre garde aux complots qui s'y tramaient; l'esprit de M. Gobin était ailleurs, dans une sorte d'Élysée fantastique où des vieillards d'un âge incalculable se promenaient dans des bosquets embaumés, et renaissaient tous les matins à une nouvelle vie.

Chez madame Ravier, M. Perdrizet s'était moqué de M. Gobin, avait persiflé ses croyances, et depuis on ne l'avait pas revu. M. Gobin ne pouvait supporter la contradiction et ne la pardonnait pas. Aussi gardait-il rancune à ceux qui osaient plaisanter sur des faits aussi importants que ceux de la prolongation de l'existence.

Quand madame Gibassier entama le chapitre relatif à M. Lobligeois, M. Gobin était perdu dans les combinaisons culinaires d'une soupe réconfortante qui ne devait pas contenir moins de quatorze espèces de légumes : suivant lui, les sucs nourriciers de produits si variés produiraient des effets salutaires à la santé, mais il semblait difficile d'amener l'économe de Sainte-Périne à ordonner la confection d'un tel potage.

Si les quatorze légumes bouillonnaient dans le cerveau du vieux maniaque, les nouvelles habitudes de M. Lobligeois prêtaient encore à une plus grande variété de commentaires. Il avait été déclaré amoureux, tout le prouvait; mais quelle était la personne assez pourvue de charmes pour changer ainsi complétement un homme jusqu'alors dévoré par la passion de l'or? Chacune des dames disait son mot sans découvrir l'objet de la flamme de l'avare. Cette curiosité mal satisfaite, cette inquiétude d'errer à travers une forêt de commentaires, donnaient aux habitués du club l'aspect de poëtes qui, ayant perdu tout à coup la mémoire, chercheraient des rimes. Les bouches se tiraient, les tempes se creusaient, mille rides nouvelles s'ajoutaient aux anciennes, les bouches rentraient, les mentons s'allongeaient; toutes ces vieilles langues portaient le nom de Lobligeois avec l'intention d'y accoler un nom féminin pour en obtenir une mixture fertile en scandales.

En ce moment, M. Lobligeois lui-même entra; non plus le Lobligeois des anciens jours, l'avare aux ongles en deuil, l'homme à la redingote safran, au chapeau crasseux, celui qui portait une mauvaise ficelle de coton enroulée autour du col de chemise qui semblait une corne de roman pliée par le doigt graisseux d'une cuisinière, mais un Lobligeois nouveau qui donnait raison aux théories de rajeunissement de M. Gobin, un Lobligeois en paletot neuf, en linge blanc. Un léger murmure se fit entendre dans le salon, à l'aspect de cet être surnaturel.

— Nous parlions de vous, monsieur Lobligeois, se hâta de dire madame Gibassier. Ces dames se plaignaient de ne plus vous voir.

L'avare s'inclina, sans se douter des regards qui entraient dans ses habits comme des vrilles. A cette heure, M. Lobligeois était dans la position d'une victime entourée d'assassins qui n'osent porter les premiers coups. Madame Gibassier lui offrit une chaise et la plaça de telle sorte que le malheureux pouvait être étudié sous toutes les faces, sans qu'aucune de ses impressions fût perdue. En femme habile, madame Gibassier dressa spontanément son plan d'attaque : il fallait qu'avant la fin de la séance M. Lobligeois livrât son secret. Son or, qu'il aimait plus que la vie, s'était échappé en partie dans ces recherches de toilette ; pourquoi ne serait-il pas plus facile d'arracher son secret au prévenu ?

Assis sur la sellette, M. Lobligeois était d'autant moins sur ses gardes qu'il ne soupçonna pas le complot. Un rayonnement intérieur s'était emparé du vieillard et faisait luire un soleil éclatant au centre duquel apparaissait l'image de Rosette. Si la passion de l'or mal éteinte cherchait à reprendre ses droits, les rayons lumineux qui encadraient le profil de l'actrice n'associaient-ils pas cet amour naissant à la puissance de la fortune? L'avarice souriait encore à l'avare, la première passion faisait bon accueil à la nouvelle. Grâce à ce que M. Lobligeois appelait son *économie,* il lui était permis de répondre aux moindres désirs de Rosette, si elle acceptait les hommages de l'amoureux. Aussi M. Lobligeois ne pouvait-il prendre garde aux interrogatoires du terrible tribunal inquisiteur devant lequel il se trouvait.

Madame Gibassier amena naturellement la conversation sur le compte du personnel féminin de Sainte-Périne; ce fut un massacre, une boucherie tels, que l'esprit de M. Lobligeois en fut révolté. Les flèches de l'amour laissent dans les plaies une sorte de baume qui adoucit les natures les plus mauvaises. L'humanité apparaît sous un jour meilleur, un caractère satirique devient bienveillant, les actions des hommes se colorent de teintes moins égoïstes, les sentiments paraissent plus sincères, les paroles plus amicales; le *bien,* le *beau,* le *vrai,* cette trilogie fantastique cherchée par les philosophes, semblent exister quelque part. Mensonges, perfidies, trahisons, scandales, inimitiés sont bannis de la terre. L'esprit adopte les utopies généreuses rêvées par les amis de l'humanité. Et tout ce changement est produit par des yeux de femme, par une bouche souriante, par la fraîcheur de la jeunesse! Amour, amour, tu perdis Lobligeois!

En entendant les âcres satires, les paroles aigres, les traîtres inductions dirigées contre les dames de l'établissement, M. Lobligeois fut froissé; il n'était plus au diapason du club, avec lequel à cette heure il ne sympathisait pas davantage qu'un parchemin avec des charbons ardents. Cependant madame Gibassier continuait sa tuerie, sans paraître remarquer l'indifférence de l'avare : elle évoquait tous les noms des dames de l'Institution et accolait à chacun d'eux une petite biographie empoisonnée, courte comme une vipère. Quelquefois un mot lui suffisait pour accabler celle qu'elle mettait en jeu, et les vieilles filles applaudissaient à ce massacre. Le but de madame Gibassier était de personnifier si cruellement chaque dame de Sainte-Périne, que M. Lobligeois témoignât de vives marques de répulsion quand comparaîtrait la personne qui lui était sympathique. Quoique habile, madame Gibassier fut trompée dans ses calculs : l'état d'esprit dans lequel se trouvait l'avare fit qu'il entendit chaque nouvelle accusation sans manifester de symptômes particuliers.

— Ce n'est pas dans la maison que M. Lobligeois est amoureux, pensa madame Gibassier. Car elle avait fait passer sous les fourches de sa langue empoisonnée toutes les pensionnaires de Sainte-Périne, sans omettre les plus âgées.

Madame Gibassier voyait son invité mal à l'aise; elle sentait qu'il brûlait de s'échapper, qu'il ne reviendrait plus désormais : une antipathie prononcée semblait avoir remplacé non pas la sympathie, mais l'habitude prise depuis un an par M. Lobligeois, de fréquenter son cercle.

Les caractères visibles d'une rupture se remarquaient sur la physionomie de M. Lobligeois. A sa mine embarrassée, au maintien de sa personne, à la façon dont il était assis sur l'extrême bord de la chaise, il était facile de pressentir combien il désirait, sans l'oser, prendre congé de la société. Madame Gibassier se complut à faire souffrir l'avare en l'accablant de compliments exagérés dont il n'avait que faire, compliments qui roulaient sur sa bonne mine, sur la recherche de ses habits, et autres propos caustiques dans la confection desquels excellent les femmes.

A différentes reprises, lardé de mille traits auxquels il ne pouvait répondre, M. Lobligeois essaya de se lever : un mot plus piquant le forçait à se rasseoir. Il comprenait maintenant qu'il était deviné, et il maudissait ses vêtements de le trahir; il craignait plus que le conseil des Dix ce terrible club de femmes dont il avait été à même d'apprécier la redoutable curiosité. L'avare se souvenait des exécutions auxquelles il avait assisté; ce n'étaient plus des oreilles, des yeux, des ongles qu'il redoutait, mais des scalpels qui s'ouvriraient sitôt son départ pour l'écorcher. Aussi M. Lobligeois essaya-t-il de prendre un air souriant; il essaya même de se mettre à l'unisson du club en lançant un trait contre mademoiselle Miroy. Peine perdue. Un mouton qui tombe dans un groupe de loups ne réussit pas à sauver sa vie en demandant à se faire loup.

Par moments, M. Lobligeois se sentait pris de l'envie de crier : Pitié! un mot inconnu dans le dictionnaire de madame Gibassier. Et les alternatives de crainte et de terreur par lesquelles passait l'avare donnaient à l'assemblée un spectacle qui prouvait sa puissance. Ce ne fut qu'après un suprême effort que M. Lobligeois put se lever et quitter un salon qui semblait un abattoir.

Ainsi que l'avare l'avait pensé, la discussion roula exclusivement sur ses faits et gestes, et madame

Gibassier n'eut pas besoin de recommander aux vieilles filles qui l'entouraient de surveiller désormais, par tous les moyens possibles, la conduite de celui qu'elle qualifiait de renégat.

CHAPITRE VI

Le rhumatisme ayant abandonné le bras de M. Ravier, sa femme en profita pour donner une petite soirée musicale à laquelle, grâce à mon ami Jacquem, je fus invité; je pus ainsi étudier sur le vif ce monde singulier dont j'entendais souvent raconter par le peintre les non moins singulières aventures. Le cercle fut un peu élargi pour cette solennité, à laquelle je m'intéressai d'autant plus vivement, que, pour la première fois, j'allais jouir de ce tableau vivant découvert à l'Exposition universelle, qui fut pour moi une initiation à des mœurs particulières.

Sauf les personnages de la haute aristocratie, qui ne recevaient et n'acceptaient aucune invitation, de précieux échantillons de la vieillesse étaient étalés à mes yeux. Qu'on se figure les transports d'un botaniste qui découvre tout à coup un petit coin isolé où poussent des plantes non encore décrites. L'institution de Sainte-Périne était pour moi une découverte de la nature de la goutte d'eau, quand un savant s'avisa de l'étudier pour la première fois au microscope. Rien que l'invitation à cette soirée m'empêcha de dormir pendant deux nuits, et il arriva que la réalité ne fut pas au-dessous de mes espérances.

Pendant que M. et madame Ravier jouaient un duo de Fiorillo, je n'avais pas assez de mes yeux pour regarder ces tranquilles auditeurs, devenus acteurs, sans s'en douter. Combien de romans cachés sous ces crânes, et quels romans supérieurs à ceux que décrivent les observateurs les plus exacts!

S'il eût été possible, je me sentais de force à vivre plusieurs années au milieu de ces vieillards, à les écouter et à me contenter de la modeste position de scribe. Maintes fois, il m'arriva de me sentir âgé tout à coup; les efforts que je faisais pour m'introduire dans la peau de mes personnages contribuaient à ce phénomène, sans que mon cœur en fût atteint.

Le cœur! voilà ce qui survivait chez tous ces vieillards. Le temps avait mis les têtes en branle, ébréché les dents, ridé les joues, éteint les yeux, enlevé les cheveux : le cœur avait échappé à ses atteintes. Le cœur ne serait-il pas cette âme immatérielle qui échappe à l'autopsie des chirurgiens, et ses derniers battements ne valent-ils pas ce vol à tire-d'aile de l'âme qu'on dit nous quitter après la mort?

La petite et douce musique de Fiorillo favorisait mes réflexions, et je risquais de m'y oublier, lorsque je fus rappelé à la réalité par le cœur de madame de la Gorgette, qui était comme enfoui dans une montagne rose, dont le doux soubresaut marquait encore de la vitalité.

Qu'on s'imagine une Sévigné un peu forte, avec d'épais cheveux argentés, on aura un portrait exact de la rivale de mademoiselle Miroy. Madame de la Gorgette avait la coquetterie de la chevelure; pour mieux en faire ressortir la splendide blancheur, un nœud de velours noir était posé du côté de la tempe gauche. On rencontre parfois des femmes de trente ans dont la chevelure a grisonné tout à coup et répand un charme tout particulier sur la physionomie. Madame de la Gorgette avait ce charme; d'un regard elle attirait les plus timides, et je ne saurais dire quelle impression j'emportai d'une légère conversation avec elle : le timbre de sa voix mettait à l'aise aussitôt et donnait envie de conter à cette belle personne quelque mot plaisant, rien que pour admirer des chairs tressautantes qui entraient immédiatement en allégresse.

Au milieu des dames de la soirée, madame de la Gorgette paraissait une reine, et je ne fus pas étonné, quelques jours après, d'entendre parler du galant cadeau que lui avait fait M. Perdrizet.

Où M. Perdrizet avait-il découvert la feuille légère semblable à un billet de banque, qui portait pour titre : *Nouveau papier-monnaie de Cythère?* Au centre on lisait : *Assignat de cinquante baisers payables au porteur;* sous ce titre était gravé délicatement un autel de l'amour portant un cœur enflammé. Les encadrements du billet portaient mille propos délicats, tels que : *Loi de la Nature.* — *Série des cœurs.* — *L'an du bonheur* (avec la date en blanc). — *Domaine de l'amitié.* Sur le côté droit était imprimé : *L'amour récompense la fidélité,* et, en regard : *L'amour punit l'indifférence.* Enfin, au bas de l'assignat : *Fidélité : sa garantie est dans nos serments.*

Cette galante image fit le désespoir de tous les amoureux de Sainte-Périne. Les messieurs étaient jaloux de la découverte de M. Perdrizet; les dames reprochaient à leurs soupirants de ne pas avoir donné cours depuis longtemps à de tels assignats dont la dépréciation ne pouvait jamais arriver. Les fameuses cartes du *Tendre* étaient dépassées par le papier-monnaie de Cythère, et je ne m'étonnai plus qu'avec de tels moyens M. Perdrizet triomphât des cœurs les plus rebelles.

Combien sont précieux les premiers cadeaux de l'amour! Une épingle donnée à propos vaut mieux que tous les bijoux. L'assignat de cinquante baisers, quoiqu'il parût à madame de la Gorgette empreint d'une certaine audace, ne lui déplut pas et la fit sourire.

Par les galanteries habituelles de M. Perdrizet, le cadeau pouvait être accepté sans entraîner quelque idée défavorable. L'opinion publique peignait le chef de bureau comme un homme dont la vie et les pensées étaient sans cesse tournées vers le beau sexe; ses attentions ne tiraient pas à conséquence. Mademoiselle Miroy ne pensa pas de la sorte, quand elle apprit l'existence de ce délicat billet à ordre. Cinquante baisers, réclamés avec une telle prodigalité, sont donnés comme ils sont reçus, innocemment et par complaisance; mais ne pouvait-il pas arriver que, sur les cinquante, M. Perdrizet n'en prît quelques-uns empreints d'une certaine scélératesse! A ce jeu dangereux madame de la Gorgette serait peut-être tentée, et la pauvre demoiselle Miroy payerait les violons.

Cette soirée porta un coup à mademoiselle Miroy, qui entraînait M. Perdrizet dans les sentiers de la mélancolie, sans se douter combien cette tendance était antipathique au chef de bureau.

Déjà depuis quelque temps, elle pressentait que M. Perdrizet était fatigué de son amour; il n'écoutait plus avec l'attention des premiers jours les tendres paroles que l'amoureuse murmurait en se promenant avec lui autour du pavillon des bosquets; le traître avait même souri en exécutant la prière de mademoiselle Miroy, qui lui donna une feuille de rosier en le priant d'appliquer ses lèvres sur la nervure de la feuille, ce que fit M. Perdrizet sans se rendre compte du désir de celle qui l'adorait. A l'endroit où le chef de bureau avait posé ses lèvres, mademoiselle Miroy y appuya les siennes et renferma la feuille de rosier dans un petit portefeuille. Toujours son amour la reportait vers la nature; aussi trouvait-elle grossier cet assignat de cinquante baisers, incapables de concorder avec de purs sentiments, et qu'elle disait rappeler les mauvais temps de la Révolution.

— Vous vous tourmentez à tort, ma chère demoiselle, lui dit madame de la Borderie, et vous fatiguerez M. Perdrizet. Prenez-le tel qu'il est; il n'est pas en votre pouvoir de changer son caractère.

A cela, mademoiselle Miroy répondait par l'exemple de M. Destailleur et de mademoiselle Chaumont. M. Destailleur ne connaissait qu'une femme au monde; ne vivant que pour elle, sans cesse il rêvait à quelque objet qui pût lui plaire. On citait son dernier mot comme une preuve du tact et de la délicatesse qu'il savait apporter dans les phrases les plus banales de la conversation. Tous les matins, quand il répondait au : *Comment vous portez-vous?* de mademoiselle Chaumont, c'était avec une variante pleine de charmes. Peut-être passait-il une partie de ses nuits à la travailler. Mais cette réponse paraissait si naturelle, si vivement tournée, et il la disait avec une telle physionomie, qu'on ne pouvait guère supposer qu'elle ne coulât pas de source.

Celle qui faisait actuellement le désespoir de mademoiselle Miroy était ainsi conçue : mademoiselle Chaumont ayant demandé à M. Destailleur comment il se portait, il répondit : « Comme ne voulant vivre que pour vous aimer. »

Douce et cruelle phrase qui s'était enfoncée dans le cerveau de la pauvre demoiselle Miroy, car elle lui montrait en même temps la tendresse d'un amour persévérant et le ridicule d'une passion qu'elle portait à elle seule. Plus M. Destailleur était fidèle, plus il faisait apparaître la légèreté de l'aimable Perdrizet.

Le chagrin pousse à la solitude, la solitude amène de certaines pratiques qui touchent à la manie. Mademoiselle Miroy se jeta dans les *réussites* de cartes à jouer. Les femmes inoccupées font des réussites, afin de passer le temps ; d'autres pensent à quelqu'un, en appliquant l'image de ce quelqu'un à de certaines cartes. M. Perdrizet était toujours au fond du paquet. En battant le jeu, mademoiselle Miroy se disait : Réussirai-je ? car elle espérait que cette réussite annonçait une consolidation de l'affection de M. Perdrizet. Bien souvent les cartes avaient menti ; mademoiselle Miroy n'en continuait pas moins à battre, à assembler méthodiquement les figures, espérant qu'elles lui donneraient une fois raison.

Tant que M. Perdrizet se montra purement volage, mademoiselle Miroy se nourrit d'espoir : le petit chef de bureau étant ainsi, qui pouvait se vanter de fixer le séduisant papillon ? Mais quand il s'attela publiquement au char de la belle madame de la Gorgette, mademoiselle Miroy en ressentit un déchirement intérieur. Elle frissonna comme un poitrinaire qui connaît sa maladie et constate les premiers symptômes irrécusables dont il ne peut retarder le triste dénoûment. Sous le coup de cette passion dévorante, mademoiselle Miroy commit la faute à laquelle bien peu de femmes échappent, de la détailler à l'infidèle, sous forme de lettres fiévreuses. Ce fut une série de billets quotidiens, pressants, amoureux, désespérés : la pauvre femme laissait courir sa plume sans s'inquiéter si la raison entrait dans ces phrases longues et lâches, d'une *anglaise* maigre et hâtive dont les caractères n'étaient guère plus dessinés que par la pensée. Du milieu de ce fatras se détachaient parfois quelques cris de souffrances réelles, quelques apostrophes éloquentes, mais noyées dans des pages nombreuses dont M. Perdrizet n'avait que faire.

Au début, M. Perdrizet répondit à mademoiselle Miroy, qui le suppliait de venir lui rendre visite, car elle ne sortait plus, craignant de montrer sur sa physionomie l'incendie intérieur qui la dévorait. Le chef de bureau tenta de parler raison à la pauvre éplorée : il posa *l'amitié* comme principe de sa conduite, en développa les beaux côtés et traça un sombre tableau des *fureurs de l'amour*. Selon M. Perdrizet, mademoiselle Miroy s'était méprise sur la nature de l'attachement de celui qui n'avait agi que comme ami vis-à-vis d'elle. Le chef de bureau rappelait la malheureuse femme dans les voies de la raison ; il espérait la voir plus calme au milieu des pensionnaires qui l'aimaient, et il se justifiait de n'être pas venu au rendez-vous de mademoiselle Miroy, en ajoutant combien une telle entrevue pouvait être douloureuse pour tous deux.

A ces froides raisons, la délaissée répondit par une lettre de treize pages, dont M. Perdrizet parcourut vaguement le commencement et la fin. Et il y répondit d'autant plus laconiquement qu'il prévoyait la longueur des lettres suivantes. C'est ce qui arriva.

La femme de ménage n'était occupée qu'à se rendre du bâtiment Joséphine au pavillon où demeurait M. Perdrizet. Tous les matins elle avait ordre, si mademoiselle Miroy reposait, de prendre sur la table un gros paquet cacheté à l'adresse du chef de bureau : c'était la besogne de la nuit, après laquelle la malheureuse femme essayait de s'assoupir; mais la plupart du temps, la femme de ménage la retrouvait l'œil sec et désolé, attendant avec anxiété son retour pour connaître la réponse de M. Perdrizet. Peines perdues! Espoir éteint! Illusions sans cesse renaissantes et toujours déçues! M. Perdrizet ne répondait plus.

Bientôt il en arriva à refuser les paquets apportés par la femme de ménage. Sa passion avait fait des progrès pour madame de la Gorgette, qui, par sa nature calme et sans artifice, piquait au jeu le séducteur. Heureux jusque-là, il ne comprenait pas qu'on pût lui résister, et il semblait, en matière de galanterie, un enfant gâté que la moindre contradiction irrite.

Madame de la Gorgette ne soupçonnait pas les tourmentes de l'amour; elle ne connaissait que la tendresse sans tempêtes. Son idéal était un bonheur tranquille, représenté par un des plus beaux mots de la langue française : la *félicité*. Tout homme qui lui eût fait entrevoir quelques chagrins, quelques tyrannies, des inquiétudes, elle ne l'eût pas compris, elle l'eût éloigné; aussi n'avait-elle jamais été malheureuse. Seules, les femmes aux membres minces, de moyenne taille, à la physionomie pâle et bistrée, sont dominées par des inquiétudes nerveuses qui les font tressaillir ainsi que les petits chevaux arabes. Madame de la Gorgette appartenait à la race des femmes du Nord, solide d'allure, d'un caractère doux et tranquille, d'une carnation puissante : aimables et aimantes personnes dont la poitrine ne comporte pas d'orages et rafraîchit la tête de l'heureux être qui a le droit de s'y reposer.

Combien de fois le sensuel Perdrizet rêva un sort si agréable en jetant un coup d'œil furtif sur ces montagnes satinées que madame de la Gorgette portait avec orgueil! Il en badina avec elle et le lui fit entendre sur un ton enjoué : à quoi elle répondit plaisamment que peut-être ces montagnes n'avaient que l'apparence, et qu'il était à présumer que, vues de près, il serait plus juste de les comparer à des vagues flottantes. M. Perdrizet accepta gaiement ces vagues ; mais il eut un mot cruel pour mademoiselle Miroy, qu'il compara à un pays plat, sarcasme qui heureusement ne devait pas être relevé, car la pauvre abandonnée eût conçu pour son ancien chevalier un mépris égal à la profondeur de son amour.

Il est vrai que mademoiselle Miroy n'avait jamais offert l'aspect florissant de madame de la Gorgette ; l'ingratitude de M. Perdrizet ne fut pas de nature à enrichir sa carnation et à envelopper ses membres fins d'une chair joyeuse. Plus elle allait, plus elle dépérissait. Madame de la Borderie, qui la voyait tous les jours, s'apercevait du mal secret qui la minait ; et la mère infortunée, dont tous les chagrins étaient consignés dans de vides paupières, cherchait des paroles de consolation pour la malheureuse qui se mourait d'amour. Mais ses soins charitables furent détruits tout à coup par un événement imprévu.

Un matin, après le déjeuner, madame de la Borderie était allée rendre visite à mademoiselle Miroy, qu'elle avait trouvée plus calme que la veille ; espérant sa guérison à l'aide du temps, la veuve se promettait de ne plus laisser mademoiselle Miroy à ses tristes réflexions. Toutes deux s'entretenaient de leurs douleurs; celle de la veuve était si profonde que, pendant son récit, mademoiselle Miroy oubliait momentanément l'ingrate conduite du chef de bureau. Les deux femmes s'étaient comprises; les consolations qu'elles ne pouvaient pas trouver en elles-mêmes, elles tentaient de les faire naître par des confidences réciproques.

Mademoiselle Miroy rêvait de ramener le fils à sa mère; la veuve épiait le moment favorable de faire entendre la vérité à M. Perdrizet, et à une certaine heure de le rendre plus compatissant pour celle qui souffrait. Ce commerce de confidences, ces moyens de guérison qu'elles cherchaient l'une pour l'autre, leur faisaient oublier momentanément leurs propres souffrances. Aussi retiraient-elles de ces longs entretiens des illusions qui leur permettaient quelquefois de s'endormir, une ombre de sourire sur les lèvres. Mais cet état d'assoupissement produit par de longues conversations cessait tout à coup quand les dames se quittaient : madame de la Borderie, qui s'en était aperçue, se demanda si son amie ne subissait pas les mêmes symptômes cruels aussitôt son départ. Ce fut dans ce but qu'elle fréquenta plus assidûment mademoiselle Miroy, sachant combien l'isolement est complice en de telles afflictions.

Une après-midi, ayant frappé à la porte de mademoiselle Miroy, elle fut reçue par la femme de ménage effarée :

— Ah ! madame, s'écria-t-elle, j'allais vous chercher... Mademoiselle ne revient plus à elle.

Madame de la Borderie trouva mademoiselle Miroy étendue sur son lit, les cheveux en désordre, la robe délacée, la figure d'une extrême pâleur et les paupières fermées.

— Que s'est-il passé?... Depuis quand cette pauvre demoiselle est-elle dans cet état?

— Depuis une heure, madame, après avoir reçu une lettre... Mademoiselle l'a lue, a poussé un cri ; une attaque de nerfs l'a prise, et depuis une demi-heure elle est dans cet état.

— Vous auriez dû aller chercher l'interne.

— Madame, je n'ai pu m'éloigner. Si vous saviez combien j'ai eu de mal à retenir mademoiselle pendant ses attaques ; j'ai essayé d'ouvrir la fenêtre, d'appeler au secours, mais je n'osais la quitter d'une minute... Elle avait une force de lion ; heureusement, à la fin, elle s'est assoupie tout à coup.

— Descendez vite appeler l'interne de service.

Madame de la Borderie avait ramassé une lettre tombée sur le tapis de pieds.

— Attendez, dit-elle à la femme de ménage, elle semble revenir à elle, peut-être ne sera-ce rien. Mettez toujours un peu d'ordre dans la chambre.

Pendant que la femme de service rangeait dans l'appartement, madame de la Borderie lut la lettre suivante, dont elle chercha la signature dès les premières lignes; mais la lettre n'était pas signée.

« Ma chère demoiselle, un de vos amis, qui s'intéresse à votre sort, tient à vous signaler l'affreuse conduite d'un homme indigne de vos bontés : après avoir essayé d'appeler sur sa personne l'attention de quelques femmes distinguées de Sainte-Périne, M. Perdrizet s'est affolé de madame de la Gorgette, qu'il compromet par ses assiduités, et qu'il rendra malheureuse comme tant d'autres. Sous le prétexte d'une pure amitié, M. Perdrizet s'est introduit chez cette dame; il l'entoure de soins et d'égards, et va la prendre souvent plusieurs fois par jour : le matin pour déjeuner; après le déjeuner, il la conduit à la promenade, la ramène chez elle, va la reprendre pour dîner, lui laisse à peine un moment de liberté entre ses repas, retourne encore vers les huit heures du soir, et la reconduit à la suite de la soirée. Ces manéges, vous les connaissez trop, ma chère demoiselle : le vil séducteur les a employés vis-à-vis de vous jadis, et vous a lâchement abandonnée. N'y a-t-il pas une vengeance à tirer de cet homme sans cœur qui se joue ainsi des femmes?

« Je sais combien vous souffrez en secret, quoi que vous fassiez pour ne pas donner votre chagrin en spectacle. Enfermée nuit et jour, vous appelez l'ingrat d'une voix pleine de sanglots; je devine vos yeux rougis, la fatigue de votre corps, l'anéantissement de toutes vos facultés, l'absence de sommeil, les nuits sans fin, la couche brûlante où vos membres s'affaissent sans pouvoir trouver le repos. Comme vous l'avez aimé, l'indigne! Je me rappelle votre figure souriante, vos fraîches toilettes, le rajeunissement inscrit sur toute votre physionomie. Ces dames se demandaient quel était l'admirable secret qui vous avait rendu momentanément la jeunesse : elles vous jalousaient; elles vous plaignent aujourd'hui. Que les femmes sont à plaindre! Elles ne peuvent qu'attendre, soupirer en secret, pleurer dans le silence. L'ingrat Perdrizet ne se doute même pas de votre martyre : il répète aux pieds d'une autre ces paroles brûlantes qu'il vous a dites autrefois; il jure de n'aimer qu'elle, comme il jurait de n'aimer que vous. Il ose s'écrier qu'il n'a jamais connu l'amour avant de rencontrer madame de la

Gorgette. On l'a surpris, un soir, dans le pavillon des Bosquets où cet homme cruel se croyait seul en présence de sa nouvelle passion. Indigné, un des pensionnaires de l'établissement s'est avancé pour lui dire qu'il mentait; le couple s'était enfui tout à coup.

« Une autre fois, on a épié les nouveaux amants. La coquette madame de la Gorgette s'inquiétait de la bague que portait M. Perdrizet, cette même bague que vous avez portée longtemps vous-même et dont vous lui avez fait cadeau. Hélas! ma chère demoiselle, ce sont des faits trop positifs. Une autre porte votre bague maintenant : cela a été remarqué à table, où madame de la Gorgette semble affecter de la mettre en évidence, afin sans doute que personne n'ignore la liaison qui l'unit au séducteur. Vous avez la main fine et élégante, ma chère demoiselle; madame de la Gorgette a une main grasse et potelée. Si quelqu'un ose dire que votre main est maigre, celle de votre rivale est lourde et grasse. Aussi a-t-elle été obligée de passer au petit doigt de la main gauche un anneau qui s'enfonce dans les chairs et produit des boursouflures sans grâce. Pourtant M. Perdrizet chante à tout venant les charmes de cette main qu'il ne se lasse pas de caresser, ayant obtenu la permission de déposer un baiser dans chaque fossette! Cet homme à passions aime les femmes puissantes : il ne pouvait vous comprendre, ma chère demoiselle, vous dont l'âme inquiète tend à chasser tout ce qu'il y a de matériel dans le corps. Consolez-vous, ma chère demoiselle, ou plutôt cherchez une consolation dans la vengeance, car tout serait inutile pour ramener le traître : il est au pouvoir d'une sirène adroite qui semble connaître le secret d'attirer à elle les hommes les plus trompeurs. A première vue, elle offre des séductions corporelles que malheureusement les femmes délicates telles que vous ne peuvent faire naître; mais que trouver au fond de cette matérialité? Si vous vouliez, ma chère demoiselle, vous entendre avec moi, me confier vos chagrins, rassembler quelques lettres de M. Perdrizet et me les prêter, nous arriverions à une vengeance que vous devez souhaiter. Toutes ces dames applaudiraient. Ne craignez pas de vous confier à un anonyme, qui se fera connaître aussitôt qu'il en sera temps. Ma chère demoiselle, répondez-moi, je vous en prie, aux initiales D... O..., poste restante ; je m'engage, avant quinze jours, à me présenter chez vous, à vous relever de votre abattement, et à vous montrer une personne qui prend à cœur les intérêts d'une femme estimable. »

Après avoir lu cette lettre singulière, madame

de la Borderie resta plongée dans de nombreuses réflexions. Si mademoiselle Miroy n'avait pas été trouvée dans un complet évanouissement par la veuve, celle-ci ne se fût pas inquiétée de cette lettre anonyme, rédigée avec assez d'art pour qu'à la première lecture elle pût être prise réellement pour l'offre de service d'une personne sensible; mais en relisant certains passages, madame de la Borderie découvrit, cachée sous une bonhomie apparente, une profonde scélératesse.

Il n'y avait pas à en douter, mademoiselle Miroy reçut un coup terrible à la lecture de cette lettre; aussi la veuve commença par faire disparaître cette pièce, espérant qu'au sortir de son évanouissement son amie l'aurait peut-être oubliée. Mademoiselle Miroy fit un mouvement, agita les bras, les laissa retomber lourdement, ouvrit les yeux, et ses paupières se baissèrent aussitôt. On eût dit que, revenue à la vie, elle comprenait le fardeau que son cœur allait reprendre, et qu'elle préférait se laisser aller à l'anéantissement, comme ces soldats à moitié gelés dans la déroute de Moscou, qui suppliaient leurs camarades de les laisser assoupis dans les neiges.

Les ressorts moraux semblaient brisés, la volonté n'avait plus de souffle; la pauvre amoureuse craignait d'ouvrir ses yeux à la lumière, de peur de rencontrer flottant dans l'appartement l'image de l'être qui l'avait indignement trahie. Madame de la Borderie prit la main de son amie.

— Comment vous trouvez-vous? lui dit-elle en lui parlant à demi-voix.

Mademoiselle Miroy ouvrit lentement les paupières et appuya fortement la main de la veuve sur sa poitrine. Ce geste, qui montrait le siége de ses souffrances, fit que madame de la Borderie évoqua les câlineries maternelles qu'elle amassait péniblement en elle, comptant toujours les dépenser pour son fils ingrat. C'étaient des demi-mots, de tendres inflexions, des paroles douces que la femme seule sait trouver et qui auraient attendri le séducteur le plus effronté. Si M. Perdrizet s'était trouvé là, il eût déploré sa coupable conduite et eût essayé de la réparer en se jetant aux pieds de celle qu'il avait rendue si malheureuse; mais le volage ne se doutait pas des tortures de mademoiselle Miroy : il n'aurait pu comprendre cette flamme brûlante qui dévorait le creuset. M. Perdrizet n'aimait pas ainsi; il eût été étonné d'avoir causé tant de ravages.

Cependant, peu à peu, mademoiselle Miroy revint à elle, et elle envoya un pâle sourire de remercîment à la veuve; mais cette crise l'avait vieillie de dix ans.

— Cette lettre, s'écria-t-elle... où est-elle?

— Je l'ai brûlée, dit la veuve, qui mentait pour la première fois de sa vie.

— Vous êtes bonne, dit mademoiselle Miroy, en pressant fortement la main de la veuve ; mais je la sais par cœur ; les phrases sont inscrites en traits de feu dans mon cerveau... Quelle lâcheté de m'écrire de pareilles indignités! Et pourtant ce sont des vérités, trop vraies, hélas! Oui, je lui avais donné une bague, et il l'a donnée à une autre... Le monstre! s'écria-t-elle tout à coup.

Son instinct de femme se réveillait.

— Passez-moi une glace, demanda-t-elle à la femme de ménage.

— Je me sens laide à faire peur, dit mademoiselle Miroy... J'ai tant souffert en quelques secondes... On m'eût plongé un fer rouge dans la poitrine que la douleur n'eût pas été plus vive... Ah! c'est fini! Qu'il en aime une autre, je n'étais pas faite pour lui... Ma chère madame de la Borderie, voulez-vous me rendre un dernier service?

— Ne suis-je pas toute à vous?

— Jeannette, ferme les volets des fenêtres, tire les rideaux ; vous me laisserez seule, n'est-ce pas? voilà tout ce que je vous demande.

Madame de la Borderie insista longuement pour

rester auprès de son amie, mais mademoiselle Miroy supplia tellement la veuve de la laisser à ses tristes réflexions, que madame de la Borderie sortit, à la condition de revenir dans l'après-midi.

CHAPITRE VII

Le théâtre de Courbevoie est fréquenté assidûment par les militaires de la caserne. Quelques rares bourgeois s'y font remarquer. Le gros du public est surtout composé des blanchisseuses de Neuilly, des teinturiers de Puteaux et des ouvriers des divers fabriques des environs. C'est un public vulgaire, naïf, sauvage à une lieue de Paris, un public dont un mot de blanchisseuse peut donner une idée approximative. Cette femme avait été fortement émue par la représentation d'*Antony*, et il lui était resté dans la tête une variante de la phrase qu'elle ne se lassait pas de répéter à ses compagnes : « Elle me résista, je l'*assassina!* » déclamait-elle avec un geste de massacre.

Ce fut au milieu de ce public que se lança

M. Lobligeois, dont les sorties fréquentes furent heureusement ignorées par les membres du Club des femmes malades. On eût appris par là qu'il abusait de l'omnibus qui conduit de la barrière de l'Étoile au pont de Neuilly. En effet, le dîner finissant vers sept heures et demie, l'avare craignait d'arriver trop tard au théâtre, où il s'était emparé d'une certaine place qui lui permettait d'être remarqué de Rosette.

A l'angle de la première galerie, les acteurs étaient assurés d'avoir un fidèle spectateur dans la personne du *vieux monsieur* de Sainte-Périne, car on le désignait ainsi, suivant les renseignements fournis par l'étoile de la troupe.

Rosette était devenue le premier sujet, grâce à sa beauté qui faisait recette; aussi son nom était-il désormais écrit en caractères voyants sur l'affiche, côte à côte avec celui de Lafourcade. Les galants fourriers du régiment et les rudes maréchaux des logis chevronnés n'avaient pas peu contribué à la réputation de Rosette. Assis à l'orchestre, il applaudissait son entrée à tout rompre, et cet enthousiasme militaire pour les plaisirs dramatiques alla jusqu'à l'envoi de nombreux pompons en guise de bouquets.

Si Rosette fut émue de ce triomphe, M. Lobligeois sentit son amour s'en développer encore. Plus l'actrice grandissait, plus elle lui semblait désirable ; mais la défiance qu'il avait de lui-même s'augmentait d'autant. A Courbevoie, Rosette, accueillie par une salle enthousiaste, n'était plus la fille de la concierge de Sainte-Périne : c'était une créature à part, une femme habitant un pays particulier, un être passionné dont les sentiments n'avaient rien de commun avec le public séparé d'elle par les quinquets.

C'est ce qui explique la valeur des femmes de théâtre aux yeux de quelques banquiers épris. Ce monde factice, où tout est broderie et lumière, fard et dentelles, est pour eux une sorte de pays idéal qui les délasse des affaires matérielles auxquelles s'applique leur cerveau tout le jour. Sans être mahométans, ils entrevoient les planches du théâtre comme une sorte de paradis où dansent, au son de musiques enivrantes, des houris habillées de gaze transparente. Leurs sens blasés se réveillent à demi, allumés par des poses provocantes, et si ces vieillards parlaient sincèrement, ils ne désireraient pas un autre paradis.

M. Lobligeois n'avait pas usé son corps en débauches de toutes sortes ; au contraire, il le maltraita une partie de sa vie, lui imposant des privations extrêmes. L'avarice dicte la chasteté comme la frugalité ; mais la nature ne perd jamais ses droits. Ni les habitudes ni la volonté ne peuvent s'opposer à son cours naturel. M. Lobligeois devait devenir amoureux avec d'autant plus de force qu'il avait tenu ses sens sous clef pendant sa jeunesse et sa maturité. Aussi éprouva-t-il les sensations du Chérubin de Beaumarchais, bien plus vives, mais plus courtes : en deux ans, M. Lobligeois passa par la variété de sensations amoureuses qui, chez l'homme normal, vont par transitions insensibles, de vingt à cinquante ans. Quand, à la fin de la seconde représentation où il assistait, Rosette jeta un coup d'œil sur M. Lobligeois, l'avare crut sentir les effets d'un doux coup de foudre ; il revint à pied de Courbevoie comme un homme ivre entraîné dans des zigzags singuliers par la chaleur mystérieuse du vin. M. Lobligeois ne tenta pas d'échapper à cet état, pas plus que le buveur n'essaye de suivre le droit chemin.

— Rosette, petite Rosette, tu m'as remarqué ! s'écriait l'avare.

A une autre époque, M. Lobligeois ne se serait pas hasardé à minuit, seul, dans les Champs-Élysées ; il eût craint pour sa vie, car il datait d'un temps où les Champs-Élysées, la nuit, semblaient une succursale de la forêt de Bondy : maintenant, M. Lobligeois marchait sans souci du danger ; il l'eût bravé. Sous le simple coup d'œil de Rosette, ses muscles s'étaient retrempés et avaient pris un nouveau ressort. Par moments, il arrivait à l'avare de sauter, pour se prouver à lui-même la nouvelle force qui circulait dans ses membres. Il lui semblait possible de faire dix lieues; et cependant il avait hâte de rentrer à Sainte-Périne, afin de se déshabiller au plus vite, de s'étendre dans son lit, et là, sans lumière, d'être plus seul avec sa pensée.

Combien lui parurent longs les huit jours qui le séparèrent de la prochaine représentation! On remarquait le vieillard à tout instant dans la loge de la concierge, et il ne cessait de parler du merveilleux talent de Rosette. M. Lobligeois poussa le délire jusqu'à acheter la brochure du mélodrame qui se jouait à Courbevoie; il apprit par cœur le rôle de Rosette, le récitant sans cesse, essayant de donner à sa voix chevrotante les charmantes inflexions de la voix de l'actrice. Ce fut une monomanie poussée si loin qu'elle transpira jusque dans le salon de madame Gibassier, où fut recueillie cette phrase prononcée à haute voix par l'avare, qui, grimpé sur le belvédère, déclamait le rôle de la fille du tyran, se croyant seul : « *Misérable ! je « ne crains pas vos satellites aux mains redoutables, « sans cesse occupées à fabriquer de noirs poisons...*

Qu'ils emploient le fer ou le feu, qu'ils me chargent de chaînes, une lueur impénétrable pénétrera au fond de mon cœur et saura y allumer des forces qui défient les humains! » Phrase qui préoccupa extraordinairement les habitués du club. On la retourna sur toutes ses faces, on l'analysa, et l'expertise, quoique confiée à des femmes habiles, amena la fausse découverte d'une folie qui s'était tout à coup emparée de l'avare.

La société Gibassier avait raison quant au fait; mais la cause lui échappait. En effet, la folie tenait l'avare, folie douce et charmante, vision perpétuelle qui servait d'encadrement au profil de Rosette. Il ne manquait au terrible tribunal féminin qu'un agent actif, pour s'attacher aux pas de M. Lobligeois et le suivre au théâtre de Courbevoie, où de récentes marques d'attention de Rosette achevèrent d'enflammer l'avare.

On conte que le philosophe Kant, dont la parole était facile, balbutia un jour de cours public; ne trouvant que quelques paroles sans suite, au grand étonnement des étudiants, il disparut tout à coup de sa chaire sans avoir pu assembler ses idées. Tous avaient remarqué que le professeur portait avec inquiétude les yeux dans une certaine direction et les refermait comme attristé par un cruel événement. Après la leçon, remis de son trouble, Kant envoya chercher l'administrateur et entra dans une violente colère :

— Pourquoi, dit-il, a-t-on fait disparaître le mûrier qui ombrageait la fenêtre ?... Je l'ai cherché pendant toute ma leçon, je suis habitué à regarder ce mûrier. Vous l'avez abattu, je ne peux plus faire mon cours.

Il fallut replanter un nouveau mûrier. Les comédiens découvrent parfois un mûrier dans certains spectateurs. M. Lobligeois devint le mûrier de Rosette : l'actrice s'habitua à voir son admirateur à la même place à chaque représentation, et l'amour de l'art venant à se développer insensiblement, elle cherchait, sur la physionomie attentive du vieillard, s'il éprouvait quelque satisfaction. Mais elle se trompa sur la nature du plaisir que laissait paraître M. Lobligeois admirant chacun des mouvements de l'artiste, chacun de ses gestes, chacun de ses regards. M. Lobligeois ne se connaissait pas en art dramatique; son avarice l'avait empêché jusque-là de pénétrer dans les théâtres, et il était impropre à dire si l'actrice jouait suivant les règles. Ce qu'il admirait, c'était Rosette ! Elle n'avait qu'à se montrer, il la trouvait une comédienne merveilleuse; tout ce qu'elle faisait était bien : souriant ou pleurant, assise ou debout, habillée en princesse ou en paysanne. A peine elle entrait, le vieillard était ému et la voyait avec regret quitter la scène; aussi s'intéressait-il médiocrement au mélodrame quand Rosette n'y prenait plus part.

Du coin où il était placé, M. Lobligeois pouvait voir une partie de ce qui se passait dans les coulisses de droite, et il enviait la position du pompier, qui, accoudé contre un portant, suivait d'un œil distrait le développement de la pièce.

Par moments, l'avare s'inquiétait des conversations de Lafourcade et de Rosette; il admirait comment, avant d'entrer en scène, Rosette pouvait prêter l'oreille à des propos en dehors de son rôle. Une autre joie particulière à M. Lobligeois était de ne pas quitter de vue la toile baissée pendant les entr'actes : à de certains mouvements ondulants, il comprenait qu'une personne du théâtre s'avançait près de l'œil pratiqué dans la toile; un petit doigt s'accrochait dans cet œil, et M. Lobligeois frémissait de bonheur quand il reconnaissait le doigt de Rosette. Que regardait-elle dans la salle? Qui regardait-elle? Si quelqu'un eût dit à l'avare : « C'est vous », il eût jeté sa fortune aux pieds de Rosette. Mais elle regardait machinalement le public entassé, sans s'inquiéter d'un spectateur isolé. De grands comédiens, dit-on, ne manquent pas, avant une importante représentation, de flairer l'attitude du public, comme les dompteurs qui, une seconde avant de pénétrer dans la cage des tigres, leur jettent un rapide coup d'œil par une ouverture imperceptible.

— « Quelles seront aujourd'hui les dispositions des animaux ? » se demandent les comédiens et les dompteurs ; car l'acteur peut être dévoré tout d'un coup par le public comme l'autre le sera par son lion.

Rosette ne connut que plus tard ces terreurs dramatiques. A cette heure, c'était une jolie enfant faisant ses premiers pas sur les planches du théâtre, et le régiment en garnison à Courbevoie n'était pas difficile en émotions dramatiques.

Le soir où les pompons furent envoyés sur la scène par les militaires, M. Lobligeois, ému, allait quitter la salle, lorsque l'ouvreuse vint le prévenir que mademoiselle Rosette le priait de passer un instant à sa loge.

— Moi ? s'écria le vieillard ; êtes-vous bien sûre ?

— Certainement, monsieur, vous êtes de Sainte-Périne ?

M. Lobligeois, hors de lui, put à peine répondre.

— Mademoiselle Rosette, pendant l'entr'acte, vous a désigné de telle sorte que je ne pouvais me tromper.

— Vous ne savez pas ce que désire mademoiselle Rosette?

— Non, monsieur, elle m'a seulement ordonné de vous accompagner.

M. Lobligeois se leva lentement et crut que ses jambes refuseraient de le porter : il passait la main dans ses rares cheveux, donnait un coup de manche à son chapeau et rêvait des costumes d'une richesse éblouissante pour se présenter en face de la jeune princesse persécutée par un père barbare, et qui, quoique cloîtrée au fond d'un donjon, n'en était pas moins habillée de satin blanc à broderie d'argent. Tout était mystère dans cette aventure, jusqu'à une certaine porte qu'ouvrit tout à coup dans le corridor la messagère, ouverture que M. Lobligeois n'avait jamais remarquée jusque-là, et qui du théâtre communiquait aux loges. Quand il descendit un noir escalier, étroit et huileux, l'avare put croire que le mélodrame continuait et qu'il allait jouer un rôle dans la pièce. L'attirail de décors qu'on enlevait en l'air à coups de sifflets, les coulisses portées par des machinistes, le va-et-vient de gens fardés, en costumes de princes, mêlés à la population ouvrière du théâtre, faisaient croire à M. Lobligeois qu'il rêvait.

— Voilà la loge de mademoiselle Rosette, dit

l'ouvreuse en montrant à l'avare un petit escalier en haut duquel se trouvait une porte avec le nom de *Rosette* écrit en lettres rouges.

Le vieillard respira avant de monter et tâcha de prendre une certaine fermeté.

— Mon cher monsieur, que vous êtes aimable! s'écria Rosette en prenant sans façon la main de M. Lobligeois. Dites-moi comment vous m'avez trouvée aujourd'hui?

— Mademoiselle...

— Le public a été trop bon, n'est-ce pas? Voyez donc, que de pompons!

Et l'actrice montrait une grande variété de pompons jetés sur une table de toilette : il y en avait de toutes les nuances, de tous numéros, des grenadiers et des voltigeurs, des tambours et des musiciens.

— C'est la mode ici, dit Rosette; ils vous envoient des pompons comme ailleurs des bouquets... Ça fait toujours plaisir.

— Moi aussi, mademoiselle.

— Eh bien! je suis contente, car vous êtes un amateur...

— Oh! s'écria M. Lobligeois.

— Je vous ai remarqué; vous ne manquez pas à une seule de mes représentations... Au moins, vous pourrez donner de mes nouvelles à maman...

Ah ! que je suis bavarde ! je ne vous fais pas seulement asseoir ! Cette loge est si petite... Mon cher monsieur, je voulais vous demander un service...

— Ah ! mademoiselle ! s'écria M. Lobligeois.

— Ce serait de raconter à maman mon succès de ce soir, et de vous charger de ceci pour elle, dit Rosette en présentant à l'avare les trois plus gros pompons. Ne suis-je pas indiscrète de vous charger de cette commission ?

L'habitude des planches avait déjà communiqué aux regards de l'actrice une expression si câline qu'elle aurait fait jeter dans le feu M. Lobligeois, grâce à un simple coup d'œil.

— Vous êtes bien gentil, mon cher monsieur, dit-elle sans attendre sa réponse. Ici, ces souvenirs seraient perdus. Au moins, maman pourra me les mettre de côté. Surtout, dites-lui bien que je l'embrasse.

En ce moment, la cloche appela les acteurs pour le dernier acte; au bas de l'escalier, le régisseur criait :

— Rosette ? Rosette ? en scène !

— Dites encore à maman qu'aussitôt libre j'irai la voir.

Elle serra de nouveau la main de M. Lobligeois, et descendit avec lui de sa loge.

Cette commission combla l'avare de joie : une simple pression de main de l'actrice payait M. Lobligeois plus qu'il n'avait osé en attendre de sa vie. *Elle* l'avait remarqué; *elle* le chargeait d'être son intermédiaire auprès de sa mère; *elle* l'avait remercié vivement; *elle* lui avait serré la main! De son pouce, l'avare interrogeait ses autres doigts pointus, car ils lui semblaient recouverts maintenant d'une électricité qui faisait courir des frissons dans la main de droite. Quoique tout son corps eût participé aux courants échappés du contact de la pression de main de Rosette, l'avare avait maintenant une sorte de religion pour sa main droite : il lui semblait qu'elle avait touché un objet consacré, et que la main gauche, au contraire, conservait sa rudesse primitive. S'il eût eu, sur le moment, à palper de l'or, M. Lobligeois se serait servi certainement de sa main gauche, celle de droite étant purifiée par les délicatesses de toucher de Rosette.

Cette soirée ouvrit de nouveaux horizons au vieillard, qui considéra avec tristesse l'isolement dans lequel il avait vécu jusqu'alors, l'horrible égoïsme né de son attachement à l'argent; il se reprocha de n'avoir pas fréquenté ses parents, de ne pas leur être venu en aide, et se sentit devenir meilleur.

Pour la première fois, M. Lobligeois eut un sommeil transparent, au travers duquel il pouvait suivre ses propres pensées et ses actions de la veille. Il se réveilla avec la joie d'un homme heureux de revoir la nature, d'entendre les oiseaux chanter, d'admirer la verdure des arbres, de se rafraîchir à l'air. Un nouvel homme habitait le corps de M. Lobligeois.

Sa première visite fut pour la concierge, à qui il raconta l'immense succès de sa fille ; il en apportait comme preuve les trois pompons dont l'actrice l'avait chargé. La concierge, dans son enthousiasme, ne se tenait pas d'écouter l'avare, et lui faisait répéter avec mille détails les moindres incidents de la veille. Assise en face de l'avare, elle se montait de telle sorte l'imagination qu'elle se présenta le vieillard tantôt sous les traits de Rosette, tantôt sous les mille têtes du public ; et,comme M. Lobligeois avait retenu divers passages du mélodrame, elle applaudissait et frémissait, se croyant réellement au spectacle. Puis la concierge se levait, allait à sa cheminée et s'ingéniait à arranger les pompons en manière d'ornement au-dessus de sa glace ; comme elle n'avait pas de clous, sa dernière combinaison fut de planter deux de ces pompons dans le goulot de vases de porcelaine couleur d'opale transparente, destinés à contenir des bouquets.

— Et le troisième, dit l'avare, qu'en ferez-vous ?

— Je le mettrais bien au milieu du lambris de la cheminée, mais je crains que la chaleur du tuyau du poéle ne le gâte, et je vais voir à le placer ailleurs.

Ayant fait une complète inspection des murs de la loge, la concierge jeta son regard vers une sorte d'enfoncement où était situé le lit. Un petit bénitier de faïence grossière contenait une branche de buis désséché.

— Je ne peux cependant pas mettre le pompon dans le bénitier.

M. Lobligeois tournait, inquiet, autour de la concierge.

— Cette soirée, dit-il, m'a fait un grand plaisir, et je m'en souviendrai longtemps.

— Ah! que j'aurais voulu y étre! s'écriait la concierge.

— Oui, vous avez bien perdu, madame; mais les pompons qui sont dans ces vases vous rappelleront toujours le triomphe de Rosette.

— Je ne les donnerais pas pour un empire... Il y a longtemps que je désire un fauteuil à la Voltaire; eh bien! monsieur Lobligeois, vous me croirez si vous voulez, quelqu'un me dirait : « Voilà un fauteuil, j'emporte les pompons », que je ne les donnerais pas.

— Et moi, s'écria l'avare, qui voulais vous faire une proposition!

— Laquelle?

— Je n'ose plus, maintenant que je connais vos intentions.

— Dites toujours.

— N'avez-vous pas assez de deux pompons sur la cheminée? Je vous en vois à la main un troisième dont vous paraissez embarrassée.

— C'est vrai; mais à quoi voulez-vous rimer?

— Je voulais vous demander ce pompon pour me souvenir moi-même de la représentation d'hier soir... La pièce était si intéressante, reprit l'avare, craignant de mettre à jour ses véritables sentiments... Je vous la donnerai à lire.

La concierge jeta un regard sur le vieillard, qui baissait les yeux. Une rougeur subite, qui ne s'était pas manifestée peut-être depuis trente ans, vint l'embarrasser encore davantage. La concierge ne répondait pas; ce silence fit faire à M. Lobligeois un grand effort.

— Vous m'avez rendu quelques services dont je suis reconnaissant, dit-il, et je comptais m'acquitter prochainement par un cadeau qui maintenant me sera facile, puisque je connais vos désirs. Aujourd'hui même, je dois aller au faubourg Saint-Antoine, et je veux vous trouver un bon fauteuil à la Voltaire.

— Monsieur Lobligeois, dit la concierge avec un ton d'amical refus.

— Ne vous inquiétez pas ; je connais un ouvrier qui fabrique à son compte et qui me cédera un excellent fauteuil à meilleur marché que dans les magasins...

— On ne peut rien vous refuser, homme généreux, s'écria la concierge en tendant à M. Lobligeois le souvenir dramatique qu'il ambitionnait.

Dès lors ce pompon devint une sorte de fétiche pour l'avare ; il le plaça en face de son lit, de sorte qu'il put le contempler à son coucher, à son réveil, en fermant les yeux et en les ouvrant. Quelquefois il regrettait qu'il ne fût pas animé, afin de l'entourer de soins, de l'arroser, de le voir croître ; mais il l'époussetait, et une dévote n'a pas plus de respect pour l'Enfant-Jésus de cire qui est sur sa cheminée. Il le faisait tourner entre ses doigts et admirait au soleil sa brillante couleur garance.

Ces perpétuelles contemplations produisirent leur fruit. Un mot de Rosette revint tout à coup à la mémoire de l'avare : « A Courbevoie, ils vous envoient des pompons comme ailleurs des bouquets. »

Les personnes qui aiment profondément ne perdent pas une parole de l'objet aimé; c'est pourquoi les femmes jugent de la passion de l'homme à de certains cadeaux qui se rapportent à des paroles prononcées souvent longtemps auparavant. M. Lobligeois continuait à aller au théâtre, et ne retrouvait plus dans le public le même enthousiasme qui l'avait frappé jadis. Les militaires ne peuvent manifester leur enthousiasme dramatique avec autant de somptuosité qu'un agent de change : les pompons se payant sur une masse, il n'est pas permis d'en sacrifier tous les jours pour les beaux yeux d'une actrice. Ce qui amena M. Lobligeois à faire emplette d'un certain bouquet qu'une marchande des quatre saisons, qui avait fini sa journée, lui vendit pour un prix raisonnable.

En arrivant à sa place accoutumée, le vieillard se trouva assez embarrassé de ce gros bouquet, qui faisait jeter sur lui des regards curieux. Le spectacle commença. Rosette parut plus séduisante que jamais et envoya un regard à l'adresse de son admirateur dévoué. C'était le moment de lancer le bouquet; mais M. Lobligeois se sentit retenu par une force inconnue. Son bras droit s'était roidi, et le bouquet penchait honteusement sur le plancher de la loge. Mille raisonnements se pressaient dans le cerveau du vieillard. Il osait importer à Courbevoie une coutume nouvelle, il allait se faire remarquer. Ce bouquet dévoilerait à la salle ses secrets sentiments; Rosette serait peut-être compromise. La jalousie de Lafourcade pouvait être éveillée.

Vers la fin du troisième acte, où Rosette avait été vivement applaudie, M. Lobligeois sortit pour prendre l'air dans le couloir.

— Vous avez commandé un joli bouquet pour mademoiselle Rosette, dit au vieillard l'ouvreuse qui l'avait introduit pour la première fois dans les coulisses.

L'avare se troubla et balbutia :

— Oui, je préfère le lui porter tout à l'heure dans sa loge; car c'est gâter des fleurs que de les jeter ainsi...

— N'importe, dit l'ouvreuse, mademoiselle Rosette sera bien contente, j'en suis sûre... Elle n'est pas habituée ici aux bouquets.

— Vous croyez?

— Mettez-vous à sa place, monsieur...

— C'est que..., dit M. Lobligeois...

— Oui, dit l'ouvreuse, qui était une fine mouche; je vous comprends... vous n'osez pas jeter le bouquet.

— Précisément.

— Tous les messieurs de votre âge sont comme vous; mais il y a un moyen...

— Lequel? s'écria vivement le vieillard.

— Je m'en vais prévenir l'ouvreuse de la seconde galerie; elle jettera le bouquet. L'effet sera produit; le monde ne saura pas qu'il vient de vous, mais mademoiselle Rosette le devinera.

M. Lobligeois, en ce moment, eût embrassé la complaisante ouvreuse. En effet, au cinquième acte, le bouquet, lancé des secondes galeries, salua l'entrée de l'actrice et fut salué lui-même par les applaudissements de tous les spectateurs. M. Lobligeois crut qu'il allait se trouver mal; ces applaudissements résonnaient en lui comme s'il était monté sur les planches. En sortant, il respirait à pleins poumons, heureux de son idée, lorsque l'ouvreuse vint à lui.

— Monsieur, vous n'oublierez pas l'ouvreuse des secondes galeries, qui se recommande à vous.

L'avare fit la grimace; mais l'événement l'avait mis en largesse, et il donna une pièce de monnaie à sa conseillère; cependant il se sentit une telle émotion, qu'il n'osa se présenter dans la loge de Rosette.

Plus il se sentait pris dans les engrenages de la passion, plus le vieillard tentait de s'y soustraire.

Jetant un coup d'œil sur le chemin dangereux dans lequel il s'aventurait, il lui arrivait de se comparer à un voyageur que des voleurs attendent au coin d'un bois, car il lui revenait de subites odeurs d'avarice, comme un homme qui a mal digéré. M. Lobligeois voyait ses écus prendre la fuite pour ne jamais revenir ; mais l'amour était le plus fort, et le combat commençait à peine, que l'avarice gisait à terre, honteusement terrassée.

Un fait le démontra suffisamment, il en fut question dans Sainte-Périne. M. Lobligeois avait loué une chambre dans la rue de Chaillot ; l'économie exagérée du vieillard était assez proverbiale pour qu'un tel événement n'entraînât pas à sa suite une foule de commentaires. On n'ignorait pas que M. Lobligeois avait été presque forcé à cette dépense par l'administration, car le règlement oblige les pensionnaires à rentrer à dix heures du soir, sauf certaines rares permissions que le directeur accorde de loin en loin ; mais pour ceux qui ont l'habitude de passer leurs soirées dans le monde et de rentrer habituellement, l'hiver, passé minuit, il leur est permis, afin de ne pas déranger le service de l'Institution, de découcher, ce dont plusieurs pensionnaires profitent en louant au dehors un petit appartement, suivant leurs moyens de fortune.

Dans le principe, M. Lobligeois tenta d'éluder le règlement en prévenant la concierge : elle se levait volontiers pour un homme qui venait d'applaudir sa fille; mais le directeur, ayant eu vent de ces rentrées insolites, mit en demeure M. Lobligeois de prendre un domicile particulier ou de se présenter à la grille à dix heures précises. Ce fut alors que le vieillard, tout en soupirant, se décida à louer, moyennant vingt francs par mois, une chambre garnie, voisine de l'Institution. Au petit jour il rentrait, et reprenait les habitudes de la maison.

Un matin que M. Lobligeois était à la fenêtre en train de se faire la barbe, il aperçut un petit chapeau de paille élégamment garni de velours noir qui entrait par la grille et de là chez la concierge. Un nuage passa sur les yeux du vieillard, qui, aux battements de son cœur, ne put se méprendre sur la personne légère et sautillante qui, d'un bond, avait sauté les deux marches de la loge. Rosette, il n'y avait pas à en douter, venait embrasser sa mère.

L'émotion sembla figer M. Lobligeois sur place; il ne savait quelle conduite tenir. Descendrait-il dans la loge? resterait-il dans sa chambre? S'il se montrait devant la concierge en présence de Rosette, son émotion ne le trahirait-elle pas? Il resta ainsi quelques minutes noyé dans un trouble inexprimable; puis il pensa que sa barbe n'était faite qu'à moitié, et il tenta de raser la partie gauche de sa figure; mais son bras tremblait, et le rasoir, mal tenu par une main émue, ne mordait plus sur la peau. Enfin, après un suprême effort, la volonté reprit le dessus, et M. Lobligeois put amener à bien cette opération; mais la toilette printanière de l'actrice l'avait frappé, et il voulait mettre son costume à l'unisson. Malgré sa récente transformation, l'habillement du vieillard tenait encore de l'économie par la couleur : le noir en était exclu comme trop salissant, et il ne se trouvait aucune pièce dans les tiroirs qui rappelât les toilettes de fantaisie. M. Lobligeois, pour faire honneur à l'actrice, se décida à s'entourer le cou d'une cravate blanche qui en était réellement à sa première représentation, et il descendit, avec une certaine émotion, ne sachant la façon dont il allait aborder Rosette et dont il serait reçu.

— Venez, monsieur, que je vous fasse des reproches, s'écria l'actrice d'un ton railleur.

— A moi? dit M. Lobligeois un peu déconcerté.

— A vous-même. Vous voulez bien vous charger d'une commission pour maman, et je ne vous revois plus. Si encore vous n'étiez pas venu au spectacle! Mais je vous ai vu, et je vous attendais à la fin de la représentation dans ma loge. C'est mal, n'est-ce pas, maman?

— Faut lui pardonner, dit la concierge, car monsieur m'a dit assez de bien de toi, et il ne manque jamais de me donner des nouvelles de ton triomphe.

— Oh! triomphe! dit Rosette.

— Je sais ce que je dis, reprit la mère enthousiaste : je ne te vois pas; mais quand M. Lobligeois va à ton théâtre, c'est tout comme.

— Ah! monsieur garde un pompon sur les trois que je lui confie, reprit malicieusement Rosette.

— Mademoiselle... laissez-moi vous expliquer...

— Oui, expliquez-vous...

Mis en demeure de parler, le vieillard se troubla, balbutia quelques paroles que l'actrice se plaisait à rendre plus obscures en le taquinant gaiement.

— Laisse donc M. Lobligeois en paix, disait la concierge; tu vois bien qu'il est dans son droit; et tu cherches à l'embrouiller... Le commissionnaire n'a-t-il pas droit à une récompense?... Il voulait un souvenir de ta représentation; il m'a demandé un pompon, je lui ai donné... Y a-t-il du mal là dedans?

— Non, maman; mais je suis bien aise de donner une petite leçon à M. Lobligeois, afin qu'à l'avenir il vienne me rendre compte de ce dont je le charge.

Là-dessus, l'actrice tendit la main au vieillard en riant, pour lui prouver que cette scène n'avait rien que d'amical.

— Tout à l'heure, dit Rosette, j'irai faire un tour au jardin : il y a longtemps que je ne l'ai vu; vous y rencontrera-t-on, monsieur Lobligeois?

Le vieillard sourit comme un jeune homme à qui l'on accorde un rendez-vous, et il osa presser faiblement la main de l'actrice.

— Dans une demi-heure, n'est-ce pas, monsieur Lobligeois?

— Oui, mademoiselle, dit le vieillard, qui sortit, laissant la mère et la fille.

— Cet homme-là a une passion pour toi, je le gagerais, dit la concierge.

Rosette fredonnait un couplet.

— Je m'y connais.

— Après? dit l'actrice.

— Eh bien! il ne faut pas le décourager.

— Jamais, demanda Rosette.

— Est-ce ton Lafourcade qui te fera un sort?... Un paresseux, un propre à rien qui a les poches percées... On y jetterait des trésors, que tout filerait par les coutures.

— Je l'aime!

— Jusqu'ici, je t'ai laissée faire; tu as voulu

jouer la comédie, c'est un état comme un autre. Ton Lafourcade t'a fait débuter, mais tu peux te passer de lui maintenant...

— Je l'aime !

— Voilà-t-il pas un bel avenir que de vivre avec ce Lafourcade !

— Je l'aime !

— Il dévorera ta jeunesse.

— Je l'aime !

— Il te plantera là.

— Je l'aime !

— Ces bohémiens-là n'ont ni foi ni loi.

— Je l'aime !

— Ça m'étonne qu'il ne t'ait pas encore battue !

— Je l'aime !... je l'aime !... je l'aime !...

— Laisse-moi tranquille avec tes amours ! Tu veux donc me faire du chagrin ?...

La concierge essaya d'altérer sa voix pour lui donner des apparences de sanglots rentrés.

— Moi qui ne demande pas mieux que de te rendre heureuse, s'écria Rosette... Ah ! du jour où je tiendrai un bon engagement, je t'emmène avec moi ; nous aurons un bel appartement du côté du boulevard du Temple.

— A Belleville, dit la concierge.

— Où tu voudras.

— Je gagnerai bien cinq ou six mille francs pour commencer.

— Tant que ça ! s'écria la concierge.

— Charlotte, une de mes camarades, est sortie de Passy pour jouer à Batignolles ; de là, le directeur de la Gaîté l'a tout de suite engagée à trois mille, et elle ne me vaut pas. Lafourcade me le disait hier encore. Tu vois donc que je n'ai pas besoin de me laisser faire la cour par ce vilain vieux.

— Il est de fait, dit la concierge, qu'il n'est pas beau ; mais il est généreux.

— Je n'ai besoin de rien à Courbevoie, et puis j'aime Lafoucarde.

— Il n'y a plus rien à dire ; mais pourquoi cherches-tu à agacer M. Lobligeois ?

— Dame ! nous n'avons pas tant de connaisseurs à Courbevoie, ça fait plaisir de voir un homme qui ne manque pas à une de vos représentations et qui s'intéresse à vos rôles.

— Il les sait par cœur. Ce n'est pas un méchant homme... Si tu savais comme tu l'as changé ; il ne se ressemble pas plus que le jour et la nuit. Qu'est-ce que tu voulais lui dire, au jardin ?

— Rien ; c'est une politesse que je lui fais. Je veux qu'il revienne au théâtre.

— Tu as raison. A quoi bon se mettre mal avec des personnes riches?

— En me promenant, je rencontrerai, sans doute, quelqu'un de ces messieurs et de ces dames, et je ne suis pas fâchée de leur souhaiter le bonjour.

— Ils ne vont plus te reconnaître ; tu es si élégante !...: Surtout ne taquine pas trop M. Lobligeois.

— A tout à l'heure, maman !

— Va, ma bonne fille, reprit la concierge ; mais, dans ton intérêt, ne parle pas de Lafourcade à M. Lobligeois.

CHAPITRE VIII

Un beau jour, dans la vie de Jacquem, que le 1er juillet de l'année 1855, lorsqu'il reçut avis de l'Administration centrale de l'assistance publique, qu'il était porté sur la liste de ceux qui entreraient à Sainte-Périne lors des premières vacances ! Le petit peintre ne trouvait plus assez grand son atelier de la rue du Chemin-de-Versailles pour manifester sa joie.

Il vint me voir. — Ce sont mes dernières visites dans Paris, me dit-il. Une fois admis dans l'Institution, je n'en sortirai plus.

Puis il ajouta confidentiellement, en me priant de n'en pas parler, qu'il y avait deux ou trois pensionnaires qui branlaient dans le manche.

— Je ne souhaite pas leur mort, dit-il, mais j'aime autant en profiter qu'un autre. Moi-même, je m'en irai à mon tour, mais je vous jure que je ne me regretterai point.

Jacquem était un philosophe comme il en manquait à Sainte-Périne : il désirait finir ses jours tranquillement en compagnie de ses amis Ravier. Ce n'était pas lui qui se serait embarqué dans les terribles passions où étaient accrochés mademoiselle Miroy et M. Lobligeois. L'amitié suffisait à remplir le cœur de Jacquem ; son seul désir était d'appliquer ce qui lui restait de force à accomplir un projet dont l'avait rendu complice M. Cèdre. A eux deux, ils comptaient laisser à la bibliothèque de l'Institution un monument : le manuscrit de la *Flore de Sainte-Périne,* décrite par le botaniste, et peinte à la gouache par Jacquem. Au moins cette entreprise témoignerait-elle de leur passage dans l'établissement; déjà Jacquem y travaillait, dessinant d'après nature les mousses et les herbes dont

M. Cèdre lui apportait chaque matin des cargaisons.

Les habitués des soirées de madame Ravier avaient pris en amitié le peintre et souhaitaient sa prompte admission, car Jacquem avait le caractère facile des artistes; passant jadis ses heures de loisir à dessiner, nulles pensées de fortune ni d'ambition n'avaient germé en lui, et son caractère se ressentait de cet heureux emploi de ses facultés. Jacquem, constamment occupé, ne s'était jamais ennuyé; il ne connaissait ni désirs ni soucis. De petites fumées de réputation s'étaient peut-être autrefois dessinées en lui; il avait su les étouffer à leur naissance, jugeant qu'un bon employé vaut mieux qu'un méchant peintre; à l'âge où pointèrent ces idées de gloriole, il était trop tard, pensait avec raison Jacquem, pour en tirer autre chose qu'un mauvais feu sans flamme. D'ailleurs, la part d'amour-propre qu'il tenait de la nature trouvait à s'accommoder des compliments du monde qu'il fréquentait. C'étaient d'honnêtes confrères de son bureau qui s'enthousiasmaient devant les ressemblances *étonnantes* des portraits du peintre. Jacquem n'en demandait pas plus.

J'allais m'éloigner de Paris pendant quelque temps, et je dus faire une visite de politesse aux Ravier, dont je conservais un bon souvenir; ils voulurent bien m'engager à leur dernière soirée de l'année, et je n'eus garde d'y manquer. Quand j'arrivai, tous les habitués étaient groupés autour de Jacquem, qui tenait à la main un immense éventail orné d'inscriptions et de dessins à la gouache.

— Monsieur de Capendias, dit le peintre, est-ce bien vous qui tenez le bureau de l'*occasion?*

— Oui, monsieur Jacquem.

— Veuillez, je vous prie, donner un tour de roue.

— Nous allons donc connaître la qualité dominante de M. de Capendias, disait madame Ravier.

Aux branches de l'éventail était ajustée une roue mobile portant des numéros. M. de Capendias donna un petit coup à la roue.

— Numéro 1 ! dit-il.

— Numéro 1, reprit Jacquem, vous avez l'*Amour voleur*.

— Ah! s'écrièrent les dames, M. de Capendias a l'*Amour voleur*.

Là-dessus, on plaisanta M. de Capendias.

— Monsieur Jacquem, disaient les dames, conduisez maintenant M. de Capendias au bureau de l'*Amour voleur*, afin qu'il reçoive son châtiment.

Jacquem retourna l'éventail du côté qui contenait les châtiments et les récompenses.

— Le n° 1 de l'*Amour voleur*, dit Jacquem, décrète que mademoiselle Chaumont donnera à M. de Capendias *deux baisers sur les yeux.*

En même temps que les dames félicitaient le gentilhomme sur cette faveur, elles accusaient l'inventeur de l'éventail d'avoir imaginé des châtiments trop doux.

— Nous tirons, me dit Jacquem, la loterie de l'Amour. Et il me mit en main le curieux éventail, apporté le soir même par l'aimable Perdrizet, prodigue de ces sortes de surprises.

Où M. Perdrizet avait-il trouvé un semblable éventail? C'est ce que personne ne pouvait dire, car par ses couleurs passées, l'éraillement des dessins et la forme un peu maniérée des petits amours, on jugeait qu'il était antérieur à la République.

— C'est le tour maintenant de madame de la Gorgette et de M. Destailleur, s'écria toute l'assemblée.

Tout en rougissant, M. Destailleur vint s'asseoir au milieu du cercle, en compagnie de madame de la Gorgette.

— Heureux homme! lui dit M. Perdrizet, d'aller au tribunal de l'Amour avec une si belle pénitente.

Mais le fidèle M. Destailleur cherchait des yeux mademoiselle Chaumont pour lui montrer qu'il ne l'oubliait pas. Le bureau de l'*Espérance* fut indiqué à madame de la Gorgette pour y attendre les ordres du Destin ; la roue amena le chiffre 5, qui représentait l'*Amour heureux*. Chacun félicita madame de la Gorgette sur le bonheur qui l'attendait ; mais l'éventail avait un revers, comme le bonheur, et l'inculpée fut condamnée à *garder un silence de quatre minutes*.

Ce fut ainsi que se passa cette soirée, où les invités visitèrent tour à tour les bureaux du *Désir*, du *Hasard*, du *Plaisir*, du *Secret*, de la *Fidélité*, etc. Dans chacun de ces bureaux se succédaient les différentes variétés d'amours : *galant, malin, vainqueur, dormeur, curieux, respectueux*, et bien d'autres. Les gages consistaient à recevoir un baiser *où la dame voudra*, à boire un verre d'eau ou à accomplir la volonté d'une dame ou à donner un tendre regard ; enfin c'était la quintessence des petits jeux.

Par instants, je me croyais revenu à l'âge de quinze ans, entouré de jeunes filles et de jeunes garçons ; mon illusion provenait de trop fréquents séjours au milieu de ces vieillards. L'observation est une qualité qui s'émousse à trop longuement contempler les hommes et les choses ; un coup d'œil lancé à point en apprend davantage que des heures, des jours et des années. J'avais oublié la nature de mes vieillards, leur âge, leurs manies, pour m'être trop mêlé à leurs drames intérieurs. Ainsi, à cette soirée, j'écoutais, je regardais et je ne jugeais plus. Le sentiment de comparaison avait faibli en moi.

M. Perdrizet avait été condamné à chanter une chanson; pour la première fois de sa vie, il refusa de se rendre aux désirs de la société. Le petit chef de bureau ne savait pas chanter, et j'aurais juré qu'avec ses besicles d'or, son crâne reluisant et ses mèches de cheveux provocantes, il avait dû charmer les salons de l'Empire par de sentimentales barcaroles. Malgré que M. Perdrizet fût pressé vivement, il ne put subir la peine édictée par la loterie de l'Amour; mais il demanda comme une faveur de lire à la société un petit fragment qu'il avait sans doute préparé pour la circonstance. Cette demande de transaction ayant obtenu l'assentiment de tous, M. Perdrizet tira un papier de son portefeuille.

— Mon conte, dit-il, a pour titre *Cœur criblé*.

Quoiqu'on s'attendît encore à quelque galanterie, le titre fit sensation, et les dames chuchotèrent : *Cœur criblé !* en se regardant avec des bouches souriantes et des roucoulements d'yeux qu'eût enviés une actrice vouée au culte de Marivaux.

— *Cœur criblé!...* répéta de nouveau M. Perdrizet, qui lut :

Un homme sensible, excessivement sensible...

En ce moment, la porte s'ouvrit, et madame de la Borderie parut. Madame Ravier courut à elle, lui prit les mains, et la pria de vouloir bien entendre la lecture promise par M. Perdrizet. Pendant que la veuve recevait les compliments des messieurs, les dames se pressaient autour de M. Perdrizet, et s'enthousiasmaient sur le piquant début de sa lecture. Le petit chef de bureau souriait en recevant ces flatteries, et semblait les renvoyer à madame de la Gorgette. Triomphant, certain de son succès, d'avance il savourait les applaudissements qui attendaient la fin de son conte.

— Maintenant, monsieur Perdrizet, dit madame Ravier, vous pouvez continuer.

— *Cœur criblé!* reprit de nouveau M. Perdrizet, afin d'expliquer à madame de la Gorgette le sujet qu'il allait lire ; cette fois, il put aller jusqu'au dénoûment sans interruption.

— « Un homme sensible, excessivement sensible,
« se trouvait dès longtemps très-malheureux. Tout
« le désolait. Il voulut calculer combien de coups
« recevait son cœur dans une année. Voici ce qu'il
« imagina : il fit en carton un cœur de la grosseur

d'un cœur d'homme, et à chaque blessure qu'il recevait, il y plantait une aiguille. Au bout d'un mois, le carton était tellement criblé, qu'il n'était plus possible d'y enfoncer une aiguille de plus. Il se prit à pleurer, à pleurer amèrement. Puis, quand il eut bien versé des larmes : Voyons, dit-il, pour savourer mieux mon malheur, repassons tous ces sujets de misères dont le sort m'accable depuis un mois. Et il voulut les rappeler. Vain espoir ! Il ne put s'en rendre compte ; non, pas d'un seul. Tout s'était effacé de sa mémoire. — Oh ! dit-il, toutes ces misères qui me font tant souffrir, ce ne sont donc que des chimères?... Allons ! allons ! débarrassons-nous de cette nouvelle misère qui consiste à trop s'appesantir sur ses maux. Et toi, cœur de carton, reste là criblé d'aiguilles pour me rappeler sans cesse que les grandes misères sont des fantômes, et les montagnes à peine des grains de poussière. »

Quand la lecture fut terminée, un murmure d'approbation remplit le petit salon des Ravier, et M. Perdrizet fut d'autant plus applaudi qu'on le soupçonnait d'être l'auteur de cet apologue. Il s'en défendit mollement et laissa l'assemblée dans le doute à ce sujet. Chacun allait à lui et le complimentait à sa manière. Bien que réservée et d'une nature peu flatteuse, madame de la Borderie apporta ses suffrages à l'heureux chef de bureau et lui témoigna combien elle avait été émue de la lecture de ce *Cœur criblé*.

— Mais j'aurais une grâce à vous demander, dit-elle tout à coup.

— Parlez, belle dame, je suis à vos ordres.

— Seriez-vous avez bon pour m'accompagner chez moi? j'ai quelques mots à vous dire.

Comme M. Perdrizet ne répondit pas sur l'instant :

— Vous hésitez? dit la veuve. Pour un galant homme...

— J'avais promis à une personne...

— Aux regards inquiets que je vous vois jeter dans le fond du salon, je comprends que vous craignez de mécontenter madame de la Gorgette ; mais laissez-moi arranger l'affaire.

En même temps, la veuve se fraya un passage dans l'assemblée, et alla demander la permission à madame de la Gorgette de lui enlever son cavalier, ce qu'elle obtint sans peine.

Madame de la Borderie profita d'un intermède de musique donné par M. et madame Ravier pour s'échapper sans être remarquée.

— Le temps est beau, dit-elle à M. Perdrizet; si nous faisions un tour de jardin? Ah! monsieur le

Cœur criblé, reprit-elle en s'efforçant de donner un accent de gaieté à ses paroles, vous êtes donc bien malheureux ou vous l'avez été beaucoup pour planter tant d'aiguilles dans un morceau de carton?... permettez-moi de vous dire que je ne vous ai jamais cru si malheureux... Mais ce n'est pas de vous qu'il s'agit... Je sais un cœur blessé par votre rigidité, par votre ingratitude, par votre abandon subit : celui-là est réellement criblé et ne s'ingénie pas à inventer un morceau de carton pour y retracer l'image de ses peines. C'est un vrai cœur saignant, déchiré, vous ne l'ignorez pas.

— Moi! s'écria M. Perdrizet.

— Vous ne pouvez l'ignorer.

— Je vous jure, madame...

— Pas de serment, monsieur; je vous sais honnête homme, et je me confierai à votre parole en quelque matière que ce soit, sauf en matière d'amour... Vous ne vous rappelez déjà plus mademoiselle Miroy.

— Pardonnez-moi, madame.

— Certainement, vous savez son nom; mais je tiens pour oubliée une personne qu'on a presque compromise, donnée en spectacle, fréquentée assidûment et qu'on laisse tout à coup sans plus s'en inquiéter que si elle était morte.

M. Perdrizet ne répondait pas.

— Elle est très-malade et souffre extrêmement. Votre abandon l'a jetée dans un état de mélancolie profonde qui la fait fuir la société : elle repousse même mes soins, se nourrit à peine ; à son âge, ces désordres sont sensibles.

— A son âge ! s'écria M. Perdrizet.

— N'a-t-elle pas soixante-cinq ans? Vraiment, monsieur, vous m'étonnez par votre sang-froid. Vous me dites *à son âge,* comme si elle avait trente ans. Mais quelle fièvre s'est emparée de presque tous les pensionnaires ! A vous entendre, on vous prendrait pour des jeunes gens, insouciants de la vie.

Avec précaution, madame de la Borderie rappela à M. Perdrizet qu'il allait bientôt atteindre l'âge de soixante-dix ans.

— Qu'importe ! dit le chef de bureau, blessé par ce rappel au calme.

— Vous pourriez encore faire le bonheur de mademoiselle Miroy et le vôtre. C'est une femme excellente qui ne souhaitait qu'un peu de tranquillité pour ses dernières années... Vous avez pris plaisir à les empoisonner : ce que cette malheureuse souffre, je ne puis vous le dire... Si c'était une personne coquette, je ne la défendrais pas, elle porterait le châtiment de sa faute; mais vous lui aviez fait de fausses promesses, vous vous êtes engagé...

— Pardon, madame, je n'ai fait aucune promesse à mademoiselle Miroy, ni pris aucun engagement... C'est elle qui me poursuivait.

— Je l'en crois incapable.

— Je ne dis pas que mademoiselle Miroy soit une coquette; je la sais une excellente personne, mais prise du besoin d'aimer. Un homme s'est trouvé sous sa main, moi, qui alors n'avais pas d'inclination. J'ai eu le tort d'écouter ses aspirations; elle s'est trompée sur le caractère de mes sentiments purement amicaux. J'ai toujours été poli avec les femmes; peut-on jamais leur faire assez de compliments... Vous-même, madame, représentez, à cette heure, la femme sous son meilleur jour, la consolatrice de...

— Il ne s'agit pas de moi, monsieur, je vous prie.

— Mademoiselle Miroy a donc basé sur l'amitié que je lui témoignais un attachement dont je ne soupçonnais pas la nature tout d'abord. Plus tard, je compris qu'elle m'entraînait petit à petit dans les sentiers d'une liaison dont je ne pouvais accepter le dénoûment. Je n'ai pas voulu désillusionner mademoiselle Miroy; c'est mon seul tort.

— Une grave faute, dit madame de la Borderie, dont les conséquences seront peut-être fatales.

— Je comptais la détacher de moi peu à peu ; au contraire, chaque jour sa passion faisait des progrès, et avec la passion la tyrannie... Mademoiselle Miroy a des trésors d'amour qu'elle jette avec prodigalité. Elle a trop économisé dans sa jeunesse...

— Cependant, monsieur, vous avez accepté des gages de cette tendresse que vous repoussez aujourd'hui. N'avez-vous pas eu, m'a-t-on dit, l'indélicatesse de donner à madame de la Gorgette l'anneau de ma malheureuse amie ?

M. Perdrizet ne répondait pas.

— Est-ce la conduite d'un galant homme ?

— Madame, laissez-moi vous dire combien je repousse cette accusation... Oui, j'ai un faible pour madame de la Gorgette ; elle m'a plu, et peu à peu cette même affection dont m'honorait mademoiselle Miroy, je la ressentis pour une autre... Madame de la Gorgette s'est inquiétée de quelques bagues que je portais ; il ne manque pas ici de personnes pour troubler des affections naissantes... Elle a voulu que je lui sacrifie tous ces anneaux ; je les lui ai donnés volontiers... Je ne pensais pas chagriner mademoiselle Miroy ; d'autres souvenirs plus chers encore ont été remis à Aurore.

— Cependant, monsieur Perdrizet, vous qui connaissez les lois de la galanterie, vous deviez renvoyer à mademoiselle Miroy son anneau, puisque vous aviez l'intention de rompre avec elle.

— Vous avez raison, madame.

— Mademoiselle Miroy pleure, se désole; elle ne vous attend plus, et elle espère peut-être encore vous revoir, grâce à l'anneau que vous avez gardé.

— Que faire? s'écria M. Perdrizet.

— Redemander la bague à madame de la Gorgette et la rapporter vous-même à mademoiselle Miroy.

— C'est impossible.

— Vous le ferez, monsieur Perdrizet, j'en suis certaine.

Le chef de bureau, inquiet, ne répondait plus.

— Je lui enverrai un souvenir, dit-il.

— Un cadeau est une illusion de plus que vous ferez naître dans le cœur de ma malheureuse amie. C'est sa bague que je vous demande, et en même temps une franche explication.

— Que dirai-je à madame de la Gorgette pour lui retirer cette bague?

— Rien n'est plus simple, je vous donne jusqu'à demain soir... Si vous ne vous sentiez pas le courage nécessaire, je serais obligée d'aller trouver moi-même madame de la Gorgette.

— Eh bien! madame, demain après dîner.

— Vous reporterez l'anneau à mademoiselle Miroy?

— Si vous l'exigez, madame.

Là-dessus, M. Perdrizet rentra chez lui et passa une nuit agitée, se demandant comment il sortirait de cet embarras.

CHAPITRE IX

Madame de la Gorgette vivait au milieu de ces troubles sans s'en apercevoir. Si elle les eût soupçonnés, peut-être eût-elle prié M. Perdrizet de mettre un terme à ses assiduités, car elle ne pouvait voir souffrir quelqu'un sans en être émue : la pensée qu'elle était la cause involontaire du profond chagrin de mademoiselle Miroy aurait développé tellement ses facultés compatissantes que, malgré le charme de sa liaison avec le chef du bureau, elle y eût renoncé tout à coup. Son heureux caractère la portait à un heureux calme; elle savait toutefois compatir aux souffrances de ceux qui l'entouraient, et elle était loin de soupçonner le motif qui exilait mademoiselle Miroy du salon des Ravier.

Tous les matins, M. Perdrizet avait obtenu la faveur de venir chercher madame de la Gorgette pour déjeuner, et elle ne manquait pas de lui faire cadeau d'une rose cueillie dans les étoffes de fleurs qui décoraient son antichambre. A dix heures, un petit coup de sonnette annonçait l'arrivée du galant chevalier, qui trouvait son adorée, déjà habillée et d'une fraîcheur de jeune fille.

Le lendemain de la conversation avec madame de la Borderie, la sonnette retentit comme d'habitude.

— Comment! c'est vous, monsieur Perdrizet? s'écria madame de la Gorgette.

— Oui, ma chère amie; ne m'attendiez-vous pas?

— Sans doute, mais je n'ai reconnu ni votre manière de sonner, ni vos pas dans l'escalier... Je vous trouve changé; est-ce que vous avez reçu quelque mauvaise nouvelle?

— Pardonnez-moi, ma chère amie, dit M. Perdrizet, qui, au moment d'accomplir sa promesse de la veille, sentait renaître les difficultés.

— Eh bien! voici ma main; je suis donc obligée de vous l'offrir?

D'habitude, la journée commençait par un doux baiser sur la main, qui n'était que le prologue des mille galanteries déployées jusqu'au soir par le chef de bureau. Aujourd'hui, M. Perdrizet n'osait plus demander cette main droite qui portait l'anneau de mademoiselle Miroy. Toute la nuit, il avait cherché un moyen de reprendre cet anneau, et il espérait toujours que le hasard lui en rendrait la possession. Si la bague pouvait être brisée! M. Perdrizet la redemanderait pour la faire raccommoder et la remettrait à mademoiselle Miroy. Mais pourquoi le hasard se rendrait-il complice des traîtrises du trop galant séducteur? M. Perdrizet comptait qu'il trouverait son amie occupée à mettre un dernier ordre à sa toilette; peut-être n'aurait elle pas encore passé ses bagues à sa main! Alors, il lui serait possible de s'emparer de celle que lui réclamait madame de la Borderie.

Tout en s'habillant, il avait si longtemps réfléchi qu'il dépassa de quelques minutes l'heure habituelle à laquelle il se rendait chez madame de la Gorgette; ses calculs furent renversés par ce simple fait. Autrement, il eût été possible de dérober la bague de mademoiselle Miroy et de mettre sur le compte d'une perte la disparition subite de l'anneau.

En offrant sa main à baiser, madame de la Gorgette fit briller toutes les bagues que lui avait sacrifiées le chef de bureau : M. Perdrizet resta un moment soucieux, perdant pour la première fois de sa vie son entrain et sa gaieté, ce dont s'aperçut madame de la Gorgette.

— Qu'avez-vous? lui dit-elle.

— Un commencement de mal de tête, répondit M. Perdrizet en passant la main sur son crâne comme pour en chasser les soucis.

Mais le crâne luisant du chef de bureau ne donnait pas l'idée d'un homme voué aux migraines.

— Vous ne m'aimez déjà plus, je crois.

Ce mot fit oublier à M. Perdrizet le but de sa visite. Il avait si souvent entendu dans sa vie le fameux *vous ne m'aimez plus*, qu'il disposait d'un arsenal immense de raisons pour répondre à une telle accusation.

Pour cacher son trouble, il devint si galant qu'il se laissa prendre à ses propres paroles et abandonna la poursuite de l'anneau, attendant du destin la conclusion de cette aventure : sa légèreté habituelle reprit le dessus, et il conduisit triomphalement madame de la Gorgette à la salle à manger, ayant oublié les instructions de madame de la Borderie.

Cependant, vers le soir, la veuve aborda M. Perdrizet et lui demanda de tenir sa promesse, ce qui fut un nouveau coup de foudre pour le séducteur.

— J'ai parlé à madame de la Gorgette, dit-il; elle rendra la bague.

— Ne me l'aviez-vous pas promise pour aujourd'hui?

— Madame, j'ai réfléchi à votre demande, et je ne puis vraiment pas faire une telle malhonnêteté à une femme que j'aime infiniment.

— Je vous comprends, monsieur, vous refusez...

— Non, madame.

— Mais il me sera permis de me rendre aux vœux d'une personne que vous avez trahie et de me présenter en son nom auprès de madame de la Gorgette?

— Oh! vous ne le ferez pas, madame. Mademoiselle Miroy ne le voudrait pas, et vous ne vous montrerez pas plus exigeante qu'elle.

— Pourquoi l'avoir trompée si indignement? Si vous la voyiez, vous frémiriez du ravage que vous avez causé...

— Je ne demande pas mieux que de la voir, reprit M. Perdrizet, croyant échapper par là aux orages qu'il avait accumulés sur sa tête.

— Vous consentiriez à lui rendre visite?

— J'ai beaucoup d'estime pour mademoiselle Miroy.

— Soyez bon pour cette pauvre femme!

— Elle ne m'a jamais fait de mal.

— Combien votre visite lui ferait de bien!

— Si j'avais su, depuis longtemps je me serais présenté chez elle.

— Laissez-moi préparer mon amie à cette rencontre; elle est si faible, que je crains la plus légère émotion... Voulez-vous m'attendre un instant dans le jardin?

— Tout à vos ordres, madame.

Là-dessus, la veuve vola chez son amie, lui apprendre le retour de M. Perdrizet.

M. Perdrizet se frottait les mains d'avoir échappé à la restitution de la bague, lorsqu'il rencontra dans le jardin M. et madame Ravier, en compagnie de madame de la Gorgette. Naturellement, il lui offrit son bras, respirant avec délices l'air frais de la soirée, et il s'oublia dans un de ces doux entretiens que la présence de la belle Aurore lui inspirait. Peu importait à M. Perdrizet d'être remarqué par les pensionnaires de l'établissement; jamais il ne s'était inquiété des regards inquisiteurs des vieilles filles de la société Gibassier, étudiant les physionomies et les gestes des promeneurs.

Madame de la Borderie, qui apparut tout à coup au détour d'une allée, le costume sévère de la veuve, produisirent un fâcheux effet aux yeux de l'amoureux. Il eut un geste de dépit que remarqua madame de la Gorgette.

— Chère madame, dit madame de la Borderie en s'avançant, je vais vous enlever M. Perdrizet un moment, si vous le permettez.

— A tout à l'heure, Aurore! s'écria le chef de bureau, obligé d'obéir à cette fâcheuse injonction.

Lentement il suivit la veuve.

— Mademoiselle Miroy est prête à vous recevoir, dit madame de la Borderie.

— Vous serez présente à cette entrevue?

— Je ferai ainsi qu'il vous plaira.

A cette heure, M. Perdrizet marchait comme un voleur entre deux gendarmes, et ce ne fut pas en sautillant comme d'habitude qu'il grimpa l'escalier de mademoiselle Miroy.

Aussitôt qu'il fut entré dans la chambre, la pauvre abandonnée lui tendit la main, une main amaigrie que M. Perdrizet osa à peine serrer; madame de la Borderie lui avança un siége, car mademoiselle Miroy, étendue sur une chaise longue, était incapable de faire les honneurs de son appartement.

Un profond silence succéda aux politesses d'arrivée dans cette petite chambre où jadis M. Perdrizet avait roucoulé de si tendres mots. Mademoiselle Miroy fit un signe à la veuve, qui s'approcha d'elle; elles se dirent quelques mots à l'oreille, et madame de la Borderie disparut.

— Votre visite me fait du bien, s'écria mademoiselle Miroy, quoique le son de sa voix indiquât qu'elle cherchait à contenir ses larmes.

Alors elle se laissa aller et dit ses souffrances à l'homme qui l'avait abandonnée. Mademoiselle Miroy se plaignit vivement du manque d'égards de son ancien adorateur, combien elle avait été froissée de la suspension de la correspondance : elle comprenait que l'amour pût s'éteindre à un certain moment ; mais l'amitié devait remplacer la passion, et elle se trouverait trop heureuse si M. Perdrizet voulait bien lui rendre une partie de cette affection qui lui était si chère.

De temps en temps, des larmes coupaient ses confidences : et M. Perdrizet en profitait pour jurer qu'il avait toujours conservé pour mademoiselle Miroy une vive estime. S'il n'était pas revenu, c'était pour affaiblir peu à peu une passion qui devait les rendre malheureux tous les deux. Il eut la hardiesse d'affirmer qu'il avait souffert lui-même.

— Cependant, dit la pauvre fille, vous en aimez une autre?

— J'ai eu quelque attention pour une femme estimable...

— Je le sais, ne me cachez rien...

M. Perdrizet attesta que madame de la Gorgette lui laissait le cœur tranquille; sa société lui offrait un certain charme, mais il s'en tenait aux fréquentations provoquées par une amitié pure, et il ne sentait pas la passion l'envahir.

Cet entretien ne dura pas moins d'une heure : quoique M. Perdrizet n'eût plus trace d'amour pour mademoiselle Miroy, il ne pouvait entendre sans un certain intérêt les détails des souffrances par lesquelles elle avait passé. L'homme est ainsi fait que sa vanité est caressée par le récit des malheurs qu'il a causés. Ayant éprouvé de cruelles émotions, mademoiselle Miroy devenait éloquente : elle sentait le fil brisé chez son ancien adorateur, et conservait encore un reste d'espérance de le rattacher.

Les femmes veulent boire le malheur jusqu'à la dernière goutte. Ce fut poussée par de secrètes inquiétudes que la pauvre fille demanda à M. Perdrizet de le revoir, avec un accent si vif qu'il ne put s'y refuser. Il promit de revenir le lendemain.

Quand madame de la Borderie vint rendre visite

e soir à son amie, elle la trouva avec un demi-sourire sur les lèvres, un singulier sourire qui ne pouvait se défendre d'un reste de scepticisme. Sur les joues d'un convalescent restent de vagues teintes, derniers symptômes de la maladie, qui sont longues à s'effacer. Il en était de même des doutes et des soupçons causés chez mademoiselle Miroy par la conduite de son ancien adorateur.

Malgré tout, elle s'efforçait de croire au renouveau de la passion de M. Perdrizet : pour mieux s'illusionner, elle se lança dans des flots de paroles presque gaies qui étonnèrent d'autant plus la veuve que, dans les circonstances habituelles de sa vie, la mélancolie faisait le fond du caractère de mademoiselle Miroy.

Tout d'abord, elle se jeta au cou de son amie, en la remerciant de lui avoir ramené l'ingrat; elle disait ne pas trouver de marques assez vives de reconnaissance pour payer ce service. Madame de la Borderie se défendait de ces témoignages chaleureux, répondant qu'elle avait fait la chose la plus naturelle.

— Vous me faites respirer, s'écria mademoiselle Miroy, et vous ne voulez pas que je vous aime! Tenez, je respire maintenant... Ah! que l'air est bon! Avant d'avoir revu M. Perdrizet, ma poitrine était un brasier, chaque bouffée d'air était comme un soufflet qui en rallumait la chaleur ; maintenant que je suis bien, c'est un plaisir d'ouvrir ma poitrine à l'air du soir... Mon Dieu, que j'ai souffert! Et pourtant je suis presque heureuse d'avoir tant souffert, je n'en sens que mieux mon bonheur de revenir à la vie...

Mademoiselle Miroy se leva tout à coup de sa chaise longue.

— Ma chère amie, dit-elle, allons faire un tour au jardin : je veux revoir l'herbe, les charmilles, les arbres. Croiriez-vous que la verdure me faisait horreur? Je souffrais tellement que tout ce qui prospérait autour de moi me rendait jalouse. J'aurais voulu voir tout le monde malade... J'ai souhaité des choses affreuses, la mort de M. Perdrizet. C'est mal, n'est-ce pas, mais que voulez-vous? J'aimais mieux le voir mort que de le savoir aux genoux d'une autre.

— Descendons avant la fraîcheur du soir, dit madame de la Borderie pour essayer de calmer l'exaltation de son amie. Mais vous sentez-vous réellement assez forte, après être restée trois semaines dans votre chambre?

— Je ferais dix lieues à pied.

Les deux dames descendirent l'escalier. Arrivée

u bas, mademoiselle Miroy comprit que ses membres étaient moins forts que sa volonté : son front se couvrait de sueurs de faiblesse qui l'avertirent de ne reprendre la marche qu'avec ménagement.

— Il faut, dit-elle tristement, que je me repose sur ce banc; je me croyais mieux...

Et la tristesse la reprit de nouveau, car elle songea que l'amour de M. Perdrizet pouvait bien ressembler à ses forces, mises en jeu subitement et abattues plus subitement encore.

— Ma chère amie, dit madame de la Borderie qui lui prit les mains, vous avez un peu de fièvre; il ne serait pas prudent de rester plus longtemps à l'air frais.

— Encore la fièvre! s'écria mademoiselle Miroy.

— Ne vous affectez pas, ma bonne amie. Vous avez perdu une partie de vos forces en vous tenant couchée; il faut prendre de l'exercice avec prudence maintenant. Voulez-vous de moi pour médecin? Je vous promets de vous guérir.

Mademoiselle Miroy pressa la main de la veuve.

— Pour commencer, nous allons rentrer : je resterai avec vous si ma compagnie vous plaît; je m'en irai si vous voulez rester seule... Désirez-vous que je vous fasse la lecture? Demain nous sortirons une heure en plein soleil, en compagnie de M. Perdrizet...

— Oh! oui. Demain!... Le soir, nous entendrons un peu de musique.

— Tout le monde sera heureux de vous revoir; ces messieurs et ces dames prennent un vif intérêt à votre santé.

Ce fut par des paroles affectueuses que madame de la Borderie détermina mademoiselle Miroy à rentrer; toutefois la pauvre fille voulut rester seule, tant elle se plaisait à repasser les souvenirs de la journée, et, pour la première fois depuis longtemps, elle ferma les yeux tranquillement, sans être froissée par ses paupières brûlantes.

Le lendemain, à déjeuner, M. Perdrizet, rencontrant madame de la Borderie, la prévint qu'il irait vers une heure de l'après-midi chez mademoiselle Miroy. Par discrétion, la veuve n'alla pas rendre visite à son amie; elle la fit seulement prévenir des intentions du chef de bureau. A trois heures de l'après-midi, mademoiselle Miroy envoya chercher madame de la Borderie en la priant de venir immédiatement.

— Je ne l'ai pas vu encore! s'écria mademoiselle Miroy en fondant en larmes.

— M. Perdrizet?

— Non, il n'est pas venu ; déjà l'ingrat m'abandonne... Pourquoi est-il revenu hier ?

— Ma chère amie, il sera arrivé quelque événement imprévu...

— Vous croyez ?

— Certainement.

— Je n'ose vous demander de prendre quelques informations... J'aurais bien envoyé ma domestique... je craignais...

— Promettez-moi d'être plus calme, dit madame de la Borderie... Je vous le ramènerai, il ne faut pas que M. Perdrizet s'aperçoive combien son absence vous cause d'inquiétude... Les hommes de sa trempe doivent être traités avec politique.

En ce moment, on entendit des pas sur l'escalier.

— C'est lui, c'est lui ! s'écria mademoiselle Miroy, qui devint pâle comme une morte. Laissez-moi !

Son émotion était si grande qu'elle ne prenait pas la peine de cacher à la veuve combien elle désirait rester seule avec l'ingrat. Mais madame de la Borderie connaissait les faiblesses humaines et savait les pardonner. Elle eut la délicatesse de sortir assez vite pour qu'en arrivant M. Perdrizet pût se trouver seul avec mademoiselle Miroy.

L'amour rend égoïste, mais l'égoïsme ne rend pas amoureux.

Par ce renversement de phrase, dont certains écrivains ont malheureusement abusé, la situation des deux personnes qui se trouvaient en présence à la sortie de la veuve sera fidèlement rendue.

En entendant les pas de M. Perdrizet dans l'escalier, mademoiselle Miroy sacrifiait l'amitié; elle ne se rappelait plus les services que lui avait rendus, que lui rendait, que lui rendrait certainement madame de la Borderie. Elle lui disait presque : *Va-t'en!* sans songer à voiler sa pensée. Un tiers la gênait; elle n'osait plus laisser se jouer les mouvements sur sa physionomie, ses gestes, son regard, peut-être ses cris.

Celui qu'elle attendait depuis trois heures arrivait!

Ce qui allait sortir de cette poitrine, de ces yeux, de ces mains irritées par trois heures d'attente, elle ne le savait pas. Seulement elle se sentait devenir éloquente par le sentiment comme par le regard, et elle renvoyait son amie.

Mademoiselle Miroy était montée à ce diapason que les grands artistes trouvent rarement et qui les avertit par des tressaillements intérieurs qu'il leur est donné d'enthousiasmer le public le plus difficile.

Si les joueurs entendent une secrète voix qui leur crie : « Tu vas gagner! » les amoureux possèdent la même faculté : une flamme secrète parcourt tout leur être et les rend capables d'extases surnaturelles, que les médecins peuvent à peine expliquer.

Plongée dans cet état, mademoiselle Miroy ne s'inquiétait pas d'analyser la physionomie embarrassée de M. Perdrizet, qui arrivait au rendez-vous, honteux du restant de chaîne qu'il traînait. La pauvre femme illuminait de ses propres rayonnements celui qu'elle aimait, semblable à ces peintres qui ne savent trouver de cadre assez beau pour leurs tableaux. Enfin, il était venu! Il arrivait!... Et mademoiselle Miroy ne se rappelait plus les tristes réflexions qu'elle avait faites pendant trois heures d'une mortelle attente.

Elle fit placer M. Perdrizet près de son lit de repos, le plus près possible, l'accabla de prévenances, voulut savoir ce qu'il avait fait pendant leur séparation, et ne lui laissa pas la peine de se défendre. Toujours elle parlait, donnant un cours à ses tristes souvenirs, afin sans doute de les dépenser et de n'avoir plus à les retrouver au dedans d'elle-même.

M. Perdrizet s'efforçait de prêter attention à ces paroles d'amour : il essayait de donner un tour galant à ses lèvres perfides, à ses yeux un rayon de tendresse ; les lèvres se pinçaient, les yeux restaient froids sans obéir au séducteur.

Toute la personne de M. Perdrizet symbolisait le calme, la propreté, et les couleurs de ses vêtements n'avaient nul rapport avec la passion. L'habit bleu à boutons d'or du séducteur était étriqué ; les pans obéissaient à cette ancienne coupe connue sous le nom d'habit « en sifflet ». Les deux fines mèches de cheveux s'avançaient au-devant des oreilles comme des aiguilles, et le crâne poli reluisait comme un plat à barbe de cuivre accroché à la porte d'un perruquier.

Mademoiselle Miroy, obéissant à la physique qui attire les caresses sur les objets ronds, avait osé placer sa main sur le crâne de M. Perdrizet ; peu à peu elle la descendit vers les sourcils, remonta au sommet, et se hasarda à tenter une excursion sur la surface opposée, où un renflement subit, que les adversaires de la phrénologie ne peuvent nier, annonçait des facultés qui portaient le chef de bureau vers mille beautés diverses. Le jeune amant qui plonge avec enivrement ses mains dans la chevelure de sa maîtresse, détache le peigne et laisse tomber en flots annelés des grappes de cheveux dont chaque brin contient de l'électricité, est moins éperdu que ne fut mademoiselle Miroy en couvrant de sa main maladive l'ivoire brillant et chaud qui couvrait les pensées de M. Perdrizet. La paume de la main de la pauvre femme semblait avoir soif de ces protubérances, sur lesquelles un discipe de Gall eût retrouvé l'absence d'amour de la famille, des appétits sensuels trop développés, l'esprit de saillie, l'absence d'organe de l'idéalité, et enfin la circonspection qui faisait la base de cette tête carrée, dont les angles latéraux se faisaient remarquer par de vives saillies.

Telles étaient les protubérances que mademoiselle Miroy caressait naïvement de la main, tandis que M. Perdrizet s'efforçait d'échapper aux atteintes d'un fluide qui courait dans chaque veine des mains de l'amie de madame de la Borderie.

A diverses reprises, il essaya de dégager sa tête; aussitôt les doigts maigres de mademoiselle Miroy formaient étau et serraient dans un vaste allongement les quatre côtés de la boîte osseuse du séducteur.

Cependant M. Perdrizet eut le courage de regarder mademoiselle Miroy en face et de s'écrier :

— Mon front... je souffre.

— Pauvre cher, dit-elle en courant à sa toilette, je vous brûle, n'est-ce pas?

Alors, spontanément, elle trempa un linge dans de l'eau et l'appliqua sur le crâne de M. Perdrizet, qui ouvrit des yeux effarés en pensant qu'un mauvais génie l'avait poussé dans cette chambre où il s'était promis de ne jamais rentrer.

Les caresses, les paroles de mademoiselle Miroy le froissaient. Il en était arrivé à une excitation nerveuse qui le forçait à s'écrier : — Laissez-moi, vous êtes folle!

Un reste de pitié le retint; il n'osait blesser ouvertement une femme maladive.

S'étant essuyé le front avec soin, car mademoiselle Miroy avait enlevé, avec son ablution inconsidérée, un onguent précieux qui donnait le luisant au crâne, M. Perdrizet se leva, malgré qu'il fût invité par gestes de se rapprocher de la chaise longue.

— Charmante personne, dit-il, oui, charmante... (Il tira sa montre.) On ne sera pas long à dîner...

La physionomie de mademoiselle Miroy prit une teinte de mélancolie.

— Quelle excellente après-midi! s'écria M. Perdrizet d'un singulier ton.

— Délicieuse, cher, dit mademoiselle Miroy, et demain plus délicieuse encore.

— Oui, demain, je l'espère... s'écria M. Perdrizet, qui, traîtreusement, pensait à aller se promener loin de Sainte-Périne.

— Que je voudrais pouvoir aller près de vous! dit mademoiselle Miroy.

— Pas d'imprudence, chère, pas d'imprudence! répondit le chef de bureau, qui se voyait placé entre deux femmes.

— Encore une bonne conversation telle que celle-ci, et je sens que mes forces reviendront.

— Je ne souhaite pas sa maladie, pensa M. Perdrizet; mais, si je dois la guérir par de telles séances, la malheureuse court grand risque de rester sur sa chaise.

— On sonne le dîner, ma toute bonne, ajouta-t-il en se préparant à sortir.

— Non, pas encore... Je n'ai pas entendu la cloche, reprit mademoiselle Miroy, s'élançant contre la porte pour empêcher M. Perdrizet de sortir.

— Je suis perdu! pensa le chef de bureau. Elle ne me laissera pas sortir... C'est que, ajouta-t-il, j'ai quelques désordres à réparer dans ma toilette.

— On ne sonnera pas avant une demi-heure.

Mademoiselle Miroy s'avança vers le chef de de bureau en étendant la main dans la direction de son crâne. M. Perdrizet enfonça son chapeau sur sa tête.

— Demain, dit-il:

— Encore:::

— Non, demain; j'ai le sang à la tête.

Et il ne quittait pas mademoiselle Miroy de l'œil, craignant quelque nouvel accès:

— Un peu, demanda-t-elle de sa voix la plus caressante.

— Ma chère, vous voyez que j'ai mis mon chapeau.

— Qu'importe, ôtez-le une minute.

— Demain.

— Une seconde!

Comme mademoiselle Miroy semblait vouloir se précipiter sur le chapeau, M. Perdrizet se réfugia derrière une table en étendant la main droite comme pour obtenir une trêve, tandis que de la gauche il tenait le bord de son chapeau fixé sur sa tête.

— Vraiment, dit-il, je n'aurai pas le temps de prendre quelques soins de ma personne avant le dîner.

Mademoiselle Miroy n'écoutait plus, cherchant un moyen de fixer le volage.

— Chère âme! s'écria M. Perdrizet, quelle folie!

Ils tournaient autour de la table, la femme poursuivant l'homme et jouant le rôle de séducteur.

Un instant mademoiselle Miroy faillit s'emparer du chapeau du chef de bureau; mais le bord lui glissa dans les doigts.

— Vraiment, chère, vous n'êtes pas raisonnable, dit M. Perdrizet après avoir renversé une chaise qui servait de barrière aux audacieuses entreprises de l'amoureuse. Je n'aime pas à voir jouer avec mes chapeaux; c'est bon pour les enfants, ajouta-t-il d'une voix sérieuse.

— Vous êtes fâché?

— Oui! oui!

— Eh bien! je vais me tenir tranquille, méchant homme.

— Vous savez, chère, que je n'aime pas à être en retard pour le dîner.

— C'est bien, monsieur; allez dîner... Ah! que je suis malheureuse!

De nouveau elle s'étendit sur sa chaise longue.

— Allons, chère, faisons la paix, donnez-moi votre main.

L'innocent séducteur s'avança, comptant sur les remords de mademoiselle Miroy; mais celle-ci avait joué la comédie. D'un mouvement brusque, elle enleva le chapeau du chef de bureau et considéra encore une fois, sans oser le palper, le crâne séduisant qui lui inspirait de si étranges idées.

Ce beau rêve évanoui, mademoiselle Miroy permit à M. Perdrizet de se retirer, en lui faisant promettre de revenir le lendemain.

CHAPITRE X

Ce jardin de Sainte-Périne semble avoir été planté pour entendre des conversations amoureuses. Plus d'une fois je m'y promenai seul, regardant aux branches des arbres si des lambeaux de déclamations n'y restaient pas accrochés, si quelques soupirs n'étaient pas collés au feuillage. Les bosquets touffus, je me plaisais à les peupler de groupes isolés se parlant à voix basse, et retrouvant dans des pressions de mains les souvenirs de la jeunesse. Les anciens ne semblent pas avoir compris la Vénus âgée, car ils n'en ont laissé nul témoignage sculpté. Je rêvais quelquefois à un monument situé en haut du belvédère, en mémoire des longues amours. Vénus eût été l'image exacte de madame de la Gorgette : une Vénus souriante, faisant fuir du regard le Temps qui s'avance la faux à la main.

Mais ce qui me parut plus difficile à comprendre (quoique le cas se retrouve souvent dans la société) fut la passion de M. Lobligeois pour Rosette, cette passion greffée sur le pied vivace d'une autre passion la plus vive de toute, l'avarice.

Le rendez-vous dans le jardin acheva de porter le dernier coup à la raison de M. Lobligeois. Quand il eut attendu avec une impatience fébrile la demi-heure convenue, l'avare comprit combien il était entraîné vers l'actrice.

— Viendra-t-elle? se demandait-il en arpentant à grands pas l'allée sablée qui conduit au bâtiment Joséphine.

Comme Rosette ne venait pas, M. Lobligeois voulait aller au-devant d'elle, retourner dans la loge ; il n'osait, craignant que la concierge ne remarquât son empressement et ne soufflât sur ses folles illusions. Cependant, comme il tournait le dos à l'allée par où devait arriver l'actrice, il entendit tout à coup un bruit léger, et ne s'y trompa pas. Nul autre que le petit pied de Rosette ne pouvait faire crier ainsi les cailloux.

M. Lobligeois se retourna et fut ému vivement par la physionomie de l'actrice, alors que le jeu des rayons de soleil pénétrant à travers le feuillage, frappait sur les lèvres de Rosette et les faisait paraître d'autant plus fraîches que le haut de la figure était noyé dans l'ombre. Les rubans couleur cerise qui se croisaient sur la paille de sa capote pâlissaient à côté de ces lèvres jeunes, plus fraîches que des fraises penchées sous leurs feuilles, après une légère pluie.

Cette jeunesse, les taquineries de Rosette dans la loge, firent que M. Lobligeois resta plus troublé que jamais ; la gentillesse de l'actrice redoublait sa timidité. Suis-je digne d'elle ? se demandait-il, et cette question le paralysait. Rosette prit plaisir à se jouer de l'embarras du vieillard ; elle le trouvait *tout chose,* disait-elle.

Pendant quelques minutes, qui durèrent des siècles, M. Lobligeois se crut un de ces objets fragiles que les jongleurs des Champs-Élysées lancent dans diverses directions et qu'on craint de voir se briser. Rosette jonglait avec sa personnalité et lui faisait subir mille petits accrocs.

— Voulez-vous être bon, monsieur Lobligeois ? dit-elle. J'ai dans ma poche une brochure à étudier ; vous allez me faire répéter, et vous me donnerez la réplique.

Rosette avait acheté le matin une douzaine de pièces nouvelles, afin de suivre le répertoire courant des théâtres du boulevard, et elle s'imagina de faire répéter à l'avare une tirade amoureuse, très-emphatique, qui acheva de porter le trouble dans les idées de M. Lobligeois, car il avait pris le rôle au sérieux. C'était un être d'une basse extraction qui se mourait d'amour pour une personne d'une condition élevée, et l'auteur dramatique avait bourré ce rôle des aspirations d'ouvriers tourmentés par un faux idéal, où se mélangeaient nécessairement des raclures d'*antonysme*.

— Vous auriez fait un fort bon comédien, dit Rosette. Il est fâcheux que vous n'ayez pas commencé plus tôt. Savez-vous que je suis fière de vous avoir pour répétiteur? On n'en rencontre pas tous les jours d'aussi distingués; je m'en vais vous signaler à mes camarades.

— Vraiment? disait M. Lobligeois...

— Mais je me garderai bien d'en instruire ces dames; je tiens à vous garder pour moi...

— Dites-vous vrai? s'écria l'avare.

— Oui, je ne veux pas que ces dames sachent combien vous comprenez le théâtre; elles solliciteraient des conseils, et j'entends bien rester votre seule élève.

— Mon élève! dit M. Lobligeois. Serait-ce possible!

— Voilà le vieillard de l'orchestre du Théâtre-Français demandé, dit plaisamment Rosette.

— Comment? s'écria l'avare un peu froissé par le mot vieillard.

— C'est le plus beau titre que vous puissiez ambitionner, cher monsieur Lobligeois. Allez au Théâtre-Français, et vous remarquerez quatre ou cinq banquettes garnies de messieurs en cheveux blancs, qui sont la base du Théâtre-Français. Plus de vieillards à l'orchestre, plus de Comédie française. Ces messieurs ont vu jouer les célèbres acteurs d'autres époques, et servent de guides aux nouveaux venus. Ils ont des signes particuliers que le public ne comprend pas, mais qui se font entendre au delà de la rampe. Ainsi, vous entendez éternuer un de ces vieillards, vous croyez qu'il a le cerveau embarrassé ; pas du tout, le comédien comprend que cet éternument veut dire qu'il n'a pas saisi certaines nuances de son rôle.

— Que me dites-vous là, mademoiselle ?

— Vous en savez autant qu'eux ; il n'y a que leur langage à apprendre, surtout la tabatière, qui joue un grand rôle dans la tragédie ; les vieillards de l'orchestre du Théâtre-Français ont un art particulier pour faire crier doucement leur tabatière sans troubler le spectacle. Un petit *crric* veut dire que le comédien a fait un vers faux ; un *crrra* prolongé signifie : Vous déclamez hors du ton, vous parlez comme une personne naturelle, ce qu'il ne faut pas.

M. Lobligeois manifesta l'étonnement le plus profond en entendant ce singulier cours dramatique : allant rarement au théâtre, il n'était pas au fait de ces petits mystères que Rosette connaissait plutôt par tradition de cabotinage que pour les avoir remarqués. En parlant ainsi à l'avare, elle mélangeait la goguenardise à la naïveté, s'amusant à surfaire les manies des vieillards du Théâtre-Français ; mais elle croyait le fond réel, pour en avoir entendu souvent parler à Lafourcade et au souffleur du théâtre.

— Ainsi, ajouta Rosette, vous allez vous fournir d'une grande tabatière, et nous conviendrons ensemble de certains signes, afin que je vous comprenne lorsque je serai en scène.

— Volontiers, dit M. Lobligeois au comble de la joie.

— Maintenant, je vous quitte ; nous avons un raccord au théâtre à deux heures, et je serais à l'amende. Adieu, mon *oncle,* dit-elle en tendant la main à l'avare, qui fut enlevé au septième ciel par ce titre de parenté, quoique prononcé sur un ton un peu gouailleur.

— J'irai ce soir à Courbevoie, s'écria M. Lobligeois pendant que l'actrice s'éloignait d'un pas léger.

En effet, le soir même, l'avare, après s'être muni d'une immense tabatière, se disposa à remplir le rôle de juré dramatique. Rosette, moitié plaisamment, moitié sérieusement, avait signalé « son oncle » à ses camarades : à partir de cette représentation, M. Lobligeois ne fut plus désigné que sous le titre de l'oncle à la tabatière.

Les comédiens français se plaisent à se moquer du public et à le lui faire voir : leur plus grande joie est de se livrer sur la scène à des aparté de fantaisie connus dans leur argot sous le titre de *balançoires*. Tel acteur de drame qui se monte et se fatigue pour rendre une passion, tient à prouver la subtile évolution de ses facultés en mélant à un passage pathétique quelque phrase d'un comique au moins douteux.

Au théâtre de Courbevoie, où les habitués commençaient à se lasser du répertoire de Lafourcade, la *cascade* avait pris des développements inouïs, et M. Lobligeois servait de motif à des plaisanteries qui le rendaient heureux, car l'intimité avec les comédiens se fit petit à petit, et l'avare fut regardé comme un *accessoire* obligé du théâtre. Il n'existe pas de bande de cabotins qui ne traîne à sa suite des personnages bizarres servant de hochets à ces bohèmes. On ne faisait plus de recettes. Lafourcade ne payait pas ses acteurs ; l'oncle à la tabatière faisait oublier ces misères.

Entre chaque entr'acte, l'avare montait sur le théâtre et jouissait de la faveur d'entretenir Rosette sans que personne y trouvât à redire. Dans ces relations nouvelles M. Lobligeois contracta, il est vrai, quelques habitudes fâcheuses : il se laissa aller à emprunter certains mots au vocabulaire des coulisses, et il répandit un soir une certaine stupéfaction à Sainte-Périne, dans le salon de madame Ravier, en appelant M. de Capendias *mon vieux*, terme chéri de tous les comédiens ; quoi que fît M. Lobligeois pour s'excuser, le mot resta, car *vieux*, *vieille* et *vieillesse* étaient, même dans un sens amical, bannis de la conversation dans l'Institution.

Peu à peu l'avare s'était lancé dans les cadeaux qu'il suppliait Rosette d'accepter, et Lafourcade, qui n'ignorait pas la passion de l'avare, avait trouvé tout naturel que l'actrice reçût ces présents. Un baiser sur la main était l'unique récompense de tant de soins, et Rosette n'en trouvait pas moins son idéal dans le directeur qui l'avait initiée à l'art dramatique : mais il devait arriver des événements trop communs à la plupart des entreprises dramatiques pour ne pas changer de face la situation.

La salle de Courbevoie se vidait tous les jours ; les militaires de la garnison, après avoir vu plusieurs fois les pièces du répertoire, devenaient indifférents en face d'affiches qui ne se renouvelaient pas. Les dettes criaient dans le pays : des logeurs sans dignité, des gargotiers dépourvus de délicatesse, menaçaient de fermer le côté *doit* de leurs registres si l'on ne jetait quelque à-compte dans la gueule du monstre *avoir*. Lafourcade perdait la tête au milieu des tracas qui retombaient sur lui seul. Ses comédiens, sur les dents, menaçaient de l'abandonner.

— A quoi nous est utile l'oncle à la tabatière ? dit-il à Rosette.

— Il est amusant.

— Amusant ! Il ferait mieux de tirer la troupe d'embarras.

Là-dessus le cerveau de Lafourcade travailla, et dès le soir même la proposition fut faite à M. Lobligeois de partager la direction de la troupe de Courbevoie, moyennant un certain versement de fonds qui devait amener des bénéfices considérables. L'avare fit la grimace, demanda à réfléchir, et resta deux jours sans revenir.

A ce moment suprême où sa bourse était secouée comme une sonnette d'hôtel garni, l'avare essaya de se débarrasser de la passion qui l'attachait à Rosette. Enfermé pendant deux jours en face de son argent, il évoquait le souvenir de l'actrice. Mais l'argent n'était plus ce métal vivant dont jadis le contact faisait tressaillir M. Lobligeois, les pièces d'or ne brillaient plus de cet éclat particulier qui récréait sa vue : on eût dit qu'elles étaient changées en feuilles mortes, tandis qu'au loin s'agitait une figure jaune, rieuse, dont chaque mouvement, chaque regard, étaient des caresses toutes nouvelles. Autrefois, M. Lobligeois faisant sonner son or, trouvait dans ce tintement une musique qui le ravissait; ce n'était plus aujourd'hui qu'un son métallique qui ne trouvait plus d'écho intérieur.

— Rosette! Rosette! s'écriait l'avare. Et rien que de prononcer ce nom le remplissait d'une douce sensation à laquelle rien ne se pouvait comparer.

Quand le vieillard se rappelait la somme de jouissances accumulées depuis le premier jour où il vit l'actrice, les joies particulières que lui avait causées son or ne pouvaient entrer en balance.

M. Lobligeois lutta deux jours et partit pour Courbevoie avec la somme demandée par Lafourcade. Quelles nouvelles jouissances devaient l'y attendre! Associé à la direction, il lui serait permis d'être plus souvent près de l'actrice; ayant désormais voix consultative dans le petit cabinet où se décidaient les intérêts de l'art dramatique, il quittait sa position de modeste spectateur pour devenir un des chefs de l'entreprise.

Ce fut tout essoufflé que M. Lobligeois arriva au théâtre, portant son sac de mille francs en triomphateur; car, par un reste de ladrerie, il avait voulu faire la route à pied, pour s'assurer, par le poids du sac pendant le chemin, qu'il portait bien réellement mille francs en pièces de cent sous, se forçant, par ce détail matériel, à ne pas oublier un moment la nature de son expédition.

M. Lobligeois ressemblait aux collectionneurs enthousiastes qui, ayant trouvé un vieux meuble, le rapportent eux-mêmes malgré la charge, se répétant qu'ils sont enfin possesseurs d'une curiosité longtemps cherchée : cet argent que le vieillard avait tant regardé, tant respecté, il le portait sur son bras et s'en dépouillait en faveur de Rosette. Plus le sacrifice était grand, plus l'actrice lui devenait chère. Les pauvres filles, qui se donnent pour un morceau de pain à de riches débauchés, ne les tiennent jamais comme ces créatures savantes qui mangent jusqu'à leur dernier écu.

Contre l'attente de M. Lobligeois, Lafourcade resta froid en recevant le sac qui tirait la troupe d'embarras. Le comédien avait une sorte de mépris pour l'argent. Il tenait n'importe quelle somme inférieure à son talent, et il eût reçu de même un directeur qui serait venu lui offrir un engagement de vingt mille francs.

L'avare, étonné de cette indifférence, sentit que son rôle de bienfaiteur en était diminué d'autant, et il rentra dans son humilité vis-à-vis des comédiens; mais Rosette remercia d'un mot M. Lobligeois, et ce simple mot paya longuement l'intérêt de la somme avancée. Un *merci, mon oncle,* prenait dans la bouche de l'actrice des inflexions si caressantes que le cœur du vieillard en bondissait dans sa poitrine.

Dès lors, M. Lobligeois fit partie de la troupe. On lui donna d'abord à transcrire les règlements intérieurs des coulisses, le tableau des répétitions; ayant été nommé, en présence de tous les cabotins, directeur du matériel et *chef des accessoires,* il eut à s'occuper désormais des divers objets nécessaires aux représentations, tels que mise en ordre des poulets de carton et des poulets amoureux, des meubles, des tables garnies de tout ce qu'il faut pour écrire, des poignards, des espingoles, des plumets, des colichemardes, des fioles de poison et autres objets indispensables aux mélodrames.

Ce fut une occupation dans la vie inoccupée de M. Lobligeois, occupation réglée par Lafourcade avec un art particulier. Il trouvait ainsi le moyen d'intéresser l'avare aux représentations dramatiques, et il espérait par là faire de grosses saignées à la bourse de M. Lobligeois. En effet, peu à peu l'avare, séduit par ce genre de vie, se laissa aller à des avances sans cesse renaissantes. Mille francs coulaient de sa bourse avec plus de facilité que cinq sous jadis. Il ne croyait pouvoir payer assez cher la fréquentation habituelle de Rosette.

De temps en temps, pour se mieux disposer l'esprit de la fille, M. Lobligeois faisait quelque cadeau à la mère, qui vers la fin de l'année put meubler sa loge avec autant de luxe que celles des concierges des hôtels de la Chaussée d'Antin. La mère ne se gênait plus pour spéculer sur la passion du vieillard ; elle avait toujours remarqué à l'étalage d'un magasin un meuble ou un vêtement qui lui manquaient, et M. Lobligeois se mettait en course pour la satisfaire. Mais aussi il fut payé de ces sacrifices par la confidence de son amour pour Rosette, que la concierge lui tira adroitement. Le vieillard était peut-être plus heureux de sa rencontre avec la fille ; avec la mère il osait avouer son amour pour l'actrice ; avec la fille il restait sur le pied d'une amitié ordinaire.

Les deux femmes s'étaient entendues. Toutefois, par un reste de délicatesse singulière, Rosette, qui repoussait les paroles à double entente du vieillard, avait permis à sa mère de ne pas désespérer M. Lobligeois ; aussi la concierge, conservant rancune à Lafourcade du peu d'égards qu'il lui témoignait, se répandait-elle en plaintes amères contre le comédien, qui empêchait, disait-elle, sa fille de se faire un sort. Elle faisait même entendre à demi-mot à M. Lobligeois qu'elle souhaitait de le voir réussir auprès de l'actrice ; elle le lui laissait espérer en lui donnant à croire que sa fille courbait la tête sous la domination, et que du jour où elle oserait quitter le comédien, peut-être ne serait-elle pas éloignée d'accepter *les amitiés* de M. Lobligeois. Mais il fallait attendre, ne pas perdre patience, saisir l'occasion favorable.

— Un vrai dévouement trouve toujours sa récompense, disait-elle au vieillard, que ces paroles entretenaient dans une suprême confiance.

Ainsi que ces sortes de femmes, la mère de Rosette savait inventer mille flatteries pour caresser l'amour-propre de l'amoureux ; elle le voyait toujours jeune : les jours de barbe, elle le trouvait même beau. Quant à ce *panné* de Lafourcade, elle le traitait de la belle manière, rougissant pour sa fille d'être sous la direction d'un tel homme.

M. Lobligeois croyait à ces paroles et se laissait entraîner à des illusions sans bornes, quoique déjà une brèche assez forte eût été faite à sa bourse, brèche par laquelle s'introduisait cavalièrement Lafourcade; mais il n'était plus possible à l'avare de reculer. Au contraire, il était attiré tellement vers Courbevoie qu'il donna congé de sa chambre garnie du quartier de Chaillot pour en prendre une autre aux alentours du théâtre.

Maintenant, le vieillard faisait de fréquentes absences de l'Institution; à diverses reprises, il manqua au dîner, ce qui surprit la bande Gibassier, épiant sans cesse les moindres détails d'intérieur. Comment un avare tel que M. Lobligeois pouvait-il abandonner des repas qu'il était obligé de payer malgré son absence? Le club des femmes malades, qui se lançait souvent dans les inductions les plus aventureuses, eût reculé devant la réalité, à savoir que fréquemment le pensionnaire de Sainte-Périne était attablé, le soir, au Coq-d'Or, rue de la Maçonnerie, à Courbevoie, avec une bande de cabotins.

A cette heure, le vieillard avait mis toute pudeur

de côté pour se rapprocher de Rosette : les coulisses ne lui suffisant plus, il partageait le repas des comédiens, et par des flatteries adroites de la bande, se laissait aller à arroser de vins extra les succès futurs des pièces en répétition.

Maintenant le vieillard, au courant de l'argot dramatique, pouvait s'entretenir avec les cabotins des seuls motifs de conversation habituels, le théâtre et ce qui se rapporte à l'art et aux artistes. A ces repas, l'oncle de Rosette était criblé de plaisanteries; il les supportait, et en arriva même à rendre la réplique. D'ailleurs Lafourcade le protégeait et venait à son aide, quand il craignait que les propos d'un goût douteux ne désillusionnassent le directeur des accessoires; mais le directeur comptait sans Rosette, qui faillit un soir faire supprimer la subvention à tout jamais.

L'instinct dramatique s'était développé chez l'actrice peu à peu, et elle ambitionnait pour l'avenir des succès plus sérieux que ceux de la banlieue. Un germe artistique commençait à pointer en elle; sans apporter encore sur les planches les convictions qui ont soutenu les débuts des grandes comédiennes, Rosette caressait un idéal qui flattait son amour-propre et soutenait sa volonté. Dans les rares occasions où elle se trouvait seule, il lui arrivait de jeter un coup d'œil sur sa situation présente et de s'attrister en pesant aux gens qui l'entouraient. Le charme de Lafourcade n'était pas encore rompu entièrement ; mais le fond de la bande se composait de vieux cabotins qui avaient brûlé les planches de toutes les provinces, et qui cherchaient dans le vin un oubli de leur misère ; ce n'était pas une compagnie intelligente, et les conversations y étaient rarement délicates.

Ce fut dans un de ces moments de tristesse que M. Lobligeois surprit Rosette dans sa loge.

— Encore vous ! s'écria-t-elle, fatiguée de ne pouvoir rester seule un instant.

Le vieillard resta stupéfait, n'osant franchir le dernier degré de l'escalier.

— A l'avenir, continua-t-elle, prévenez-moi quand vous aurez à me parler... Avez-vous quelque chose d'important à me dire?... Allons, quand vous resterez un pied en l'air...

En voyant la stupéfaction de M. Lobligeois, Rosette oublia son moment d'humeur, et ajouta d'une voix moins dure :

— Descendez ou montez, monsieur Lobligeois !

Le vieillard restait en place, et semblait craindre de faire un mouvement ; l'actrice fit quelques pas en avant et invita l'avare à entrer dans sa loge.

— J'ai les nerfs agacés ce soir, dit-elle pour se justifier. Et vous, monsieur Lobligeois?

— Je suis calme, mademoiselle Rosette.

— Vous êtes fâché après moi!

— Non.

— Pourquoi m'appelez-vous mademoiselle?

— Quand on est traité de la sorte...

— Voilà, mon petit, les agréments de la vie de théâtre... Ah! vous voulez en tâter, et vous croyez que tout marche sur des roulettes! Détrompez-vous; je suis furieuse, il faut que ma colère se passe sur quelqu'un.

— Qu'avez-vous? demanda le vieillard.

— Lafourcade me trompe, j'en suis certaine.

— Ah! dit M. Lobligeois avec un accent de contentement.

— Je l'ai surpris, cette après-midi, dans la boutique de la bouchère, où il n'avait nul besoin; depuis quelque temps, je remarque que cette femme ne manque pas une seule de nos représentations. Mais cela ne se passera pas ainsi; je ne jouerai pas, ou cette femme quittera la salle!

— Y pensez-vous?

— Jouer pour aller me faire critiquer par une bouchère! Non; je serai mauvaise, la mémoire me manquera, je n'entendrai pas le souffleur, je ne serai plus à mon rôle... Décidément, je ne jouerai pas, et si Lafourcade continue à faire la cour à cette femme, je quitte la troupe.

— C'est peut-être le parti le plus sage à prendre, dit l'avare, qui entrevit dans l'avenir l'actrice seule, embarrassée de vivre, et prête à reconnaître les soins de celui qui lui procurerait une existence plus facile.

— A votre place, ajouta le vieillard, je ne ferais pas d'éclat. Aussi bien Lafourcade peut se montrer galant avec la bouchère sans vous tromper.

Tout en défendant le comédien, M. Lobligeois, que l'amour rendait perfide, faisait saigner le cœur de Rosette. Il disculpait Lafourcade pour, un instant après, lui lancer quelques traits qui prouvaient sa trahison.

La colère de Rosette se changea en une vive douleur; elle consentit toutefois à jouer ce soir-là, à la condition toutefois que, dès le lendemain, le vieillard se mettrait aux aguets pour surveiller les pas et démarches de son amant. M. Lobligeois accepta cette mission et en tira un excellent parti. Certain que le comédien trompait Rosette, sous le prétexte de la plaindre et d'adoucir sa position par des conseils et de bonnes paroles, le vieillard envenimait les plaies de la pauvre fille et s'applaudissait en secret des blessures dont il pouvait constater la profondeur.

Rosette aimait Lafourcade comme on aime à dix-sept ans. Quoiqu'elle vécût depuis plus d'un an dans l'intimité du comédien, le prestige de celui-ci ne s'était pas envolé malgré les misères et les brutales manières du fort premier rôle. Lafourcade était tellement plein de son génie, que Rosette, privée des moyens de comparaison, ne l'avait jamais mis en doute. Le comédien, en sa qualité de directeur, commandait en autocrate au personnel de la troupe. A lui les beaux costumes, les rôles triomphants, la claque, composée de quelques polissons qu'il endoctrinait et dont il ne révéla jamais les entrées gratuites. Doué d'une suffisance dont rien n'approchait, Lafourcade arrangeait les pièces à sa guise, trouvant toujours les rôles de ses camarades trop longs et les siens trop courts. Il s'était réservé les tirades à effet, dénouées inévitablement par les applaudissements prolongés des gamins des secondes galeries. Parmi les pauvres cabotins à quarante francs par mois qui l'entouraient, le directeur n'avait pas eu de peine à se donner pour le metteur en scène le plus habile de Paris; sa façon de commander dans les coulisses, de faire marcher tout à sa volonté, le rendait réellement un être de génie pour Rosette, qui ne connaissait rien de l'intérieur des autres théâtres.

Dressée par Lafourcade, Rosette fût devenue une pitoyable actrice, si plus tard sa nature, reprenant le dessus, ne l'eût poussée dans les pièces comiques. Elle aimait! Les défauts de Lafourcade se changeaient en qualités superlatives, par la raison qu'ils étaient extraordinairement exagérés. L'amour de Rosette se composait même d'une sorte de fierté d'appartenir à un homme qui faisait tout plier autour de lui. Aussi M. Lobligeois fut-il trompé dans ses calculs : plus il croyait compromettre le comédien aux yeux de Rosette, plus il le grandissait. Rosette craignait de voir enlever son amant par une autre femme, et, si le dépit l'emportait en paroles amères contre Lafourcade en son absence, auprès de lui elle redevenait timide, aimante, résignée, attendant comme la manne un regard du beau premier rôle.

Ces développements de passion restaient lettre close pour l'avare, qui lui-même, aveuglé par son propre amour, ne se rendait pas compte de l'état du cœur de Rosette; mais il la plaignait sincèrement, et la réalité des sentiments qu'il manifestait pour l'actrice fit qu'une amitié durable s'établit entre la jeune fille et lui. Rosette avait besoin d'un confident ; elle fut heureuse de trouver auprès d'elle un vieillard qu'elle pouvait recevoir à toute heure sans que la malignité de ses camarades pût s'exercer.

Mais la bourse de M. Lobligeois s'engouffrait mensuellement dans la caisse vide du théâtre !

CHAPITRE XI

Une seule visite de M. Perdrizet avait suffi à mademoiselle Miroy pour lui faire oublier les chagrins passés. Le lendemain du jour où un retour de jeunesse la poussa à lutiner le chef de bureau, elle se réveilla le sourire sur les lèvres ; en faisant sa prière, elle remercia Dieu de lui avoir laissé quelques beaux jours en réserve. Ses forces étaient revenues comme par enchantement ; il semblait qu'un sang nouveau parcourait ses veines. Elle ouvrit la fenêtre ; sa figure fut caressée par un vent tiède, chargé d'alanguissantes promesses.

Les gens de service traversaient la cour et vaquaient à leurs occupations. Mademoiselle Miroy les admira comme des êtres singuliers qu'elle aurait vus pour la première fois. Elle les regardait caqueter ensemble, et des paroles purement joyeuses paraissaient échangées entre eux. On entendait les gazouillements des oiseaux du jardin, et leur ramage était plus gai que d'habitude; des moineaux se poursuivaient dans la cour, sautillant lestement après quelques mies de pain oubliées ou quelques brins de paille; tout était en fête, jusqu'à la girouette sur les toits en face, qui répondait de douces paroles aux caresses du vent.

De la chambre où demeurait mademoiselle Miroy, la vue se repose sur de grands arbres qui dépassent le mur d'un riche hôtel de la rue de Chaillot. La verdure des feuilles a des charmes intimes que l'homme ne comprend qu'à de certains moments; la feuille éclairée par un rayon de soleil contient des tendresses particulières, et il n'est pas donné aux yeux de comprendre ces délicatesses quand l'esprit est en proie à des idées grossières; seule, une douce mélancolie permet de s'associer aux verdures qui sont un bain pour les imaginations fatiguées.

Il y avait longtemps que mademoiselle Miroy n'avait goûté la nature; aussi se laissait-elle entraîner à ses rêves capricieux, qui suivaient le cours des nuages changeants. C'est dans les grandes passions comme dans les grandes douleurs qu'on interroge le ciel ; le bleu de l'atmosphère nuancé de blanc devient une couleur chargée d'espérances. Les images trop accusées de la réalité se confondent dans les nuages, prennent des contours indécis et perdent de leur matérialité pour se transformer en profils languissants d'un charme extrême.

Dans ce singulier mirage, M. Perdrizet se débarrassait de ses besicles d'or, et le poli brillant de son crâne se teintait de tendres nuances qui, jointes à l'allongement vague de sa personne fluette, en faisaient un Perdrizet séraphique. Tout ce qu'il y a de mystérieux, de suave dans les forêts, dans les odeurs des plantes, enveloppait le chef de bureau et le baignait dans une atmosphère irisée et rayonnante pour laquelle, malheureusement, la langue française se trouve en défaut ; mais la pauvre amoureuse trouvait en elle-même ce séraphique portrait qu'elle eût été incapable d'analyser.

La passion seule a le pouvoir d'évoquer des images si parfaites. C'était une représentation bien supérieure à celle des anges tels que les peintres se sont ingéniés à les reproduire. Un cœur voltigeait dans les nuages, recouvert d'une enveloppe si frêle et si transparente, qu'on pouvait en suivre tous les battements : par intervalles, ce cœur rayonnait ou se noyait dans des nuages éthérés ; il voltigeait, sautillait plus tendrement que les oiseaux dans l'air, et semblait s'abattre en vue des fenêtres de mademoiselle Miroy.

Un incident tira l'amoureuse de sa contemplation : le bruit aigu que faisait entendre dans la cour avec son couteau, M. Cèdre, qui, en compagnie de Jacquem, arrachait les herbes entre les pavés.

C'était leur besogne de la matinée, car Jacquem, pour se rapprocher de Sainte-Périne, s'était mis à la disposition de M. Cèdre, non-seulement comme peintre, mais comme apprenti botaniste ; à eux deux ils tenaient l'établissement plus propre que dix jardiniers, M. Cèdre ayant déclaré une guerre formidable aux moindres mousses de l'Institution. Aussi la cour était-elle d'une propreté hollandaise, en même temps que le botaniste enrichissait sa collection.

La vue des deux savants amena des larmes dans les yeux de mademoiselle Miroy, qui, depuis longtemps privée de société par sa maladie, avait oublié qu'il existait des hommes et des femmes sur la terre. Si elle n'eût craint de déranger dans leur travail Jacquem et M. Cèdre, elle eût commencé avec eux une longue conversation. Maintenant elle avait soif de parler, de communiquer avec les autres : toutes ses pensées accumulées tendaient à s'épancher au dehors.

Ce fut de la sorte qu'elle envoya son sourire le plus amical à une demoiselle Julie, qui traversait la cour ; encouragée par cet accueil, celle-ci s'arrêta sous les fenêtres de la malade, et parut si disposée à supporter de longs discours que mademoiselle Miroy la pria instamment de monter.

En ce moment, mademoiselle Miroy se fût confiée à son plus cruel ennemi, pourvu qu'il parût l'écouter. Le trop plein de son cœur demandait à s'échapper, et la pauvre femme, toute à son amour, ne s'inquiétait pas dans quels vases allaient s'égoutter les inquiétudes, les jalousies, les nuits sans sommeil qui avaient rempli sa vie pendant six mois.

Mademoiselle Miroy aimait : ainsi que tous les amoureux, elle s'accrochait à un confident quelconque, pourvu qu'il fît mine de compatir à ses chagrins passés et qu'il parût admirer l'arc-en-ciel qui venait de s'étendre sur un fond un peu sombre. Il lui fallait parler de *lui*, toujours de *lui*, dire combien *il* avait été méchant, mais aussi combien *il* était redevenu tendre. Dans cette situation, les amoureux ignorent s'ils fatiguent leurs écouteurs et continuent de parler d'eux, sans s'inquiéter si leurs écouteurs en sont préoccupés.

Ces sortes de confidents sont aussi rares que le véritable amour; mais mademoiselle Miroy avait mis la main, sans s'en douter, sur un des plus patients écouteurs de Sainte-Périne, car mademoiselle Julie faisait partie du club Gibassier, et le hasard faisait qu'un sujet curieux venait s'offrir lui-même.

Jadis, mademoiselle Miroy ne se fût pas confiée de la sorte à la première venue; mais les coteries de l'Institution, leurs commérages, leurs méchancetés, avaient été chassés de son cerveau pour y loger M. Perdrizet. Mademoiselle Miroy semblait avoir devant les yeux un kaléidoscope à mille facettes, au travers desquelles elle regardait M. Perdrizet, lui seul, sa personne, ses moindres actions.

Si elle prononçait le nom de Perdrizet, la nature ne formait qu'un vaste écho qui répétait ce nom chéri. Aussi mademoiselle Julie ne perdit pas sa matinée; elle emporta de sa visite chez la pauvre fille un dossier de notes dont eût été jaloux un psychologiste. Pleine d'admiration pour la passion qui avait daigné se loger en elle, mademoiselle Miroy se plaisait à la suivre dans ses moindres détails; poussée par des sentiments réels, elle ne se servait que de mots simples qui prenaient de l'éloquence par leur sincérité, et, singulier triomphe remporté sur une nature pervertie, elle finit par intéresser à son récit son espion elle-même. C'est ce qui prouve la grandeur de la passion.

Au début du récit, mademoiselle Julie ne se tint pas de joie de la facilité avec laquelle elle accumulait des matériaux intéressants pour les conférences du cercle de madame Gibassier; mais, pour en tirer profit, il était nécessaire de se tenir en arrêt et d'enregistrer fidèlement les cris passionnés de mademoiselle Miroy. Il arriva le contraire, fait précieux à noter.

Au sortir de chez l'amoureuse, mademoiselle Julie, quoique habile dans ces sortes d'enregistrements, ne se rappelait plus aucun détail : l'émotion de mademoiselle Miroy l'avait gagnée, la méchante créature était redevenue femme un instant. Elle s'était laissée aller à la tourmente d'une passion racontée chaleureusement, et elle avait perdu ainsi ses facultés analytiques ; cependant le gros des événements lui resta dans la mémoire, mais sans les détails intimes, les souvenirs de paroles textuelles qui devaient faire la joie des membres du terrible club.

Ayant annoncé, le soir, des détails excessivement curieux sur les amours de mademoiselle Miroy et de M. Perdrizet, mademoiselle Julie fut fortement réprimandée par madame Gibassier de se trouver tout à coup en défaut, car elle ne put ajouter aucune lumière aux faits connus précédemment. L'abandon de M. Perdrizet avait été si flagrant qu'il ne fut pas dificile au club d'en être informé par la voix publique; cet événement s'était traduit par la lettre anonyme rédigée par madame Gibassier, et à laquelle mademoiselle Miroy ne se laissa pas prendre. Mais comme mademoiselle Julie avait ouvert la tranchée et pouvait de là observer ce qui se passait chez l'amoureuse, il fut décidé qu'elle retournerait à son poste. Elle promit de ne plus se laisser endormir par les récits de l'ennemi, et d'en rapporter des observations plus positives.

Ce ne fut pas la matière qui manqua. Le même jour où mademoiselle Miroy s'était réveillée si heureuse, fut terminé par des angoisses nouvelles.

M. Perdrizet ne vint pas!

La pauvre amoureuse eut la force de descendre au réfectoire, où elle n'avait pas paru depuis longtemps, et elle put voir de ses yeux les soins dont madame de la Gorgette était entourée par le séducteur. Bien plus, le chef de bureau fit mine de ne pas apercevoir l'affligée : elle en reçut un tel coup que la cuillerée de potage qu'elle essayait de prendre la brûla comme du plomb fondu dans la poitrine : en un instant, le mieux de la matinée se changea en rechute plus violente. Elle pâlit, son front se perla de sueur, et elle n'eut que la force de dire à madame de la Borderie :

— Emmenez-moi, je me sens mal.

Les pensionnaires de l'Institution peuvent se diviser en deux catégories : ceux bien portants et ceux dont l'estomac a fléchi sous le poids des années. Les maladifs font bande à part, et passent leur journée à s'inquiéter des variétés de troubles qu'apportent chaque jour dans des organes fatigués les changements de saison, les diverses nourritures et les mille détails de la vie.

Dans ce dernier camp, M. Gobin eût été sacré empereur si l'idée lui en fût venue. Représentant les inquiétudes de cette race d'êtres maladifs, il était porteur de leurs requêtes auprès de l'administration, et leur servait d'ambassadeur et d'avocat. Il épiait les moindres malaises des pensionnaires, afin d'étaler ses connaissances en médecine et d'ordonner quelques émollients, quelques adoucissants, quelque jujube, quelque guimauve. Le départ brusque de mademoiselle Miroy le servit à souhait, et M. Gobin se vanta de la guérir si elle voulait l'écouter; mais l'opinion générale, adroitement dirigée par madame Gibassier, fut que la maladie de mademoiselle Miroy tenait encore plus à des désordres moraux qu'à des perturbations physiques, et dès lors madame de la Gorgette se trouva en butte à des accusations de coquetterie telles que le bruit en parvint jusque chez les Ravier.

Le coupable Perdrizet ne porta qu'une faible partie de ces accusations, dont le poids retomba sur la tête de l'innocente madame de la Gorgette, qui ne s'en doutait guère.

En moins de huit jours, l'Institution fut en proie à de violents schismes provoqués par l'amour.

Ce fut à cette époque que Jacquem entra à Sainte-Périne, et il put voir la conclusion des drames qu'il avait à peine soupçonnés.

Un jour, pendant l'absence de la concierge, un commissionnaire qui apportait un paquet de la part de M. Lobligeois, fut reçu et interrogé par un membre du club des Femmes malades. Ce paquet, détourné, fut porté à madame Gibassier, qui, sans scrupule, l'ouvrit et y trouva une lettre.

M. Lobligeois priait la concierge d'accepter un châle qu'il avait choisi en compagnie de Rosette, et il témoignait de ses sentiments d'adoration pour l'actrice. Après une longue délibération, le châle fut renvoyé à la concierge, mais la lettre fut conservée.

On peut penser à quels propos donnèrent lieu

les doubles amours de M. Lobligeois et de M. Perdrizet.

Pendant trois jours, mademoiselle Miroy répéta le mot *abandonnée*, ne pouvant en prononcer d'autres. Ce mot formait à lui seul une langue. Elle le répétait à tout instant : *abandonnée, abandonnée, abandonnée!*

Madame de la Borderie vint la voir et n'en put tirer d'autre parole.

Quand la femme de ménage présentait un bouillon à mademoiselle Miroy, elle le repoussait doucement de sa main amaigrie en disant : *abandonnée!*

Le docteur Desclozeaux vint la voir et lui fit quelques questions; elle n'avait pas d'autre réponse qu'*abandonnée!*

L'aumônier à son tour essaya de lui prodiguer les consolations de la religion : il se retira plein de pitié pour la pauvre vieille fille.

Mademoiselle Miroy se tenait à demi assise sur son lit, les yeux fixes, sans voir, les oreilles sans entendre, dans un état de constante fixité et de perpétuelle réflexion. Les allants et venants dans la chambre ne la troublaient pas. De son regard plus intérieur qu'extérieur, elle contemplait au dedans d'elle-même l'image chérie du séducteur Perdrizet;

peut-être le suivait-elle dans ses évolutions galantes, complimentant une dame, se redressant de sa petite taille sur ses hauts talons, faisant miroiter son crâne luisant sous un rayon de soleil.

Chacun plaignait la pauvre amoureuse sans pouvoir trouver de remède à son mal. La médecine est impuissante dans ces sortes de prostrations. Le médecin venait visiter tous les matins la malade, lui tâtait le pouls, secouait la tête en disant à son interne : Rien à faire.

Un jour madame de la Borderie l'attendit après la visite et lui demanda des nouvelles de sa malheureuse amie.

— Aujourd'hui comme hier, madame, répondit-il, et demain sans doute comme aujourd'hui.

— Ainsi, monsieur le docteur, vous ne pouvez rien essayer...

— Essayer, madame !... On essaye sur des corps jeunes, et encore !...

— Il n'y a donc plus d'espoir pour cette infortunée ? s'écria la veuve.

— J'ai vu dans les maisons d'aliénés, dit le docteur Desclozeaux, des cas semblables de stupeur que nul traitement ne pouvait changer. On les tentait toutefois ; mais à l'âge de mademoiselle Miröy, je ne peux lui ordonner des bains glacés...

— Que ce M. Perdrizet est coupable! s'écria madame de la Borderie.

— Je n'excuse pas M. Perdrizet, dit le médecin; mais mademoiselle Miroy a pris trop au sérieux les compliments que ce galantin adresse à toutes les pensionnaires de l'établissement... Mademoiselle Miroy est victime de son organisation, elle y obéit comme M. Perdrizet... Il est des plantes qui ne peuvent s'acclimater dans des terrains trop brûlants; l'amour devait produire ces ravages chez mademoiselle Miroy. Les forces passionnées se sont triplées d'être restées dans l'assoupissement pendant une partie de sa vie. Ce qui aurait produit peut-être une lueur douce dans la jeunesse a amené trop tard un incendie... Et c'est l'incendie qu'il m'est impossible d'éteindre.

Le lendemain le délire augmenta chez la malade.

— Il faut la veiller avec soin, dit le médecin à la femme de ménage. Ne quittez plus mademoiselle Miroy.

Madame de la Borderie, prévenue, vint s'installer près de son amie, ne voulant pas laisser à une étrangère les soins dévoués qu'exige une malade. Quand elle la jugeait fatiguée, elle soulevait les oreillers, la changeait de côté, humectait ses lèvres pâles de sirop de cerise coupé d'eau de Seltz, et lui rafraîchissait les yeux d'un collyre ordonné par le docteur.

Après quelques jours, un certain assoupissement s'empara de la malade. Plus de geste, plus un mot! La maladie avait vaincu mademoiselle Miroy. La figure allongée et pâle comme l'ivoire, la bouche à demi ouverte, on l'aurait crue mourante, si des fleurs sans odeur, placées par madame de la Borderie sur la cheminée, n'avaient fait présumer un retour à la vie.

Madame de la Borderie voulait qu'au sortir de ces assoupissements, mademoiselle Miroy eût la vue caressée par les fraîches couleurs de ces fleurs. Le docteur annonçait un assoupissement de trois jours, au bout desquels une crise amènerait la mort ou un retour à la vie.

Après une huitaine de veilles, madame de la Borderie portait des traces de si visibles fatigues, que le docteur insista pour qu'elle prît un repos complet de vingt-quatre heures. Il n'y avait aucun danger pour mademoiselle Miroy. Pendant ce dernier jour, la nature terminait ses secrètes opérations et ne devait donner son dernier mot que le lendemain.

Madame de la Borderie céda aux instances du docteur; d'ailleurs, la femme de ménage était là pour appeler l'interne au moindre danger; mais la garde, qui avait passé deux nuits sans dormir, se laissa gagner par le sommeil, et il ne resta de vivant dans la chambre qu'une veilleuse, dont la petite flamme tremblante semblait elle-même prise du dégoût de la vie.

Ce soir-là, M. Perdrizet reconduisait madame de la Gorgette, qui demeurait au rez-de-chaussée. L'air était chaud; de pâles éclairs traversaient les nuages dans le lointain. Il avait fait une de ces journées d'été accablantes qui donnent aux nuits un charme que comprennent les habitants du Midi.

Quand madame de la Gorgette voulut ouvrir sa porte, M. Perdrizet insista pour faire un tour dans la cour. Il faisait si bon de se sentir vivre en pareil moment! De la journée, madame de la Gorgette n'avait paru dans le jardin brûlé par les ardeurs de la canicule. M. Perdrizet avait droit à un dédommagement.

La demande fut faite en termes si délicats, que madame de la Gorgette accorda un quart d'heure de grâce à son chevalier; le quart d'heure passé (il n'avait pas duré moins d'une heure), M. Perdrizet se laissa aller à de nouveaux propos sur le pas de la porte que madame de la Gorgette tenait ouverte, et quoique la dame s'en défendît, le galant ne voulut quitter la place qu'après mille promesses d'amour et deux baisers sur la main qui lui furent accordés.

Ce dernier caquetage dura encore quelques minutes, assez haut pour qu'une fenêtre du premier étage s'ouvrît sans que madame de la Gorgette ni M. Perdrizet s'en aperçussent.

Une forme blanche et immobile parut à la fenêtre : mademoiselle Miroy !

Explique qui pourra les courants magnétiques produits par la passion. Ils existent, on n'en saurait douter.

La voix de M. Perdrizet avait traversé la prostration de mademoiselle Miroy. Elle était revenue à la vie. Ces inflexions de voix caressantes que le séducteur trouvait quand il parlait à une femme avaient réveillé l'amoureuse, qui sortit pour ainsi dire de son tombeau.

Elle ne se rappelait ni ses souffrances physiques ni ses douleurs morales ; elle se réveillait comme la senora sous les fenêtres de laquelle sont grattés les premiers sons de guitare d'un galant. Elle revenait à la vie comme un enfant qui vient de naître, sans ressentir autre chose qu'une voix chérie qui l'appelait ; cependant, à travers son émotion qu'elle ne raisonnait pas, un secret instinct la poussa à se lever doucement pour ne pas réveiller la garde endormie.

Deux fois mademoiselle Miroy se laissa retomber sur son lit comme un enfant dont les mouvements ne sont pas d'accord avec la volonté; elle s'appuya contre le chevet jusqu'à ce que ses jambes eussent repris leur assiette. Enfin elle parvint jusqu'à la fenêtre, l'ouvrit et éprouva une commotion terrible. Les sens reprenaient leur empire un à un. La voix du bien-aimé chantait une mélodie incomparable, mais la mélodie s'adressait à une autre. Une autre répondait au rossignol!

Des gouttes de sueur produites par l'émotion, plus encore que par la faiblesse, perlèrent au front de mademoiselle Miroy, qui crut qu'elle allait tomber. Elle se cramponna à la fenêtre : un petit courant de vent frais, qui tout à coup glissa à travers les ondes chaudes de l'atmosphère, la ranima assez pour qu'elle pût quitter la fenêtre, suivre son lit en s'appuyant contre le bois, gagner un fauteuil voisin, et se reposer un moment près de la veilleuse, qu'elle n'eut pas la force de souffler, mais dans laquelle elle trempa le doigt pour noyer la mèche à demi usée. Son instinct de femme était revenu tout à fait. Elle voulait que la garde se trouvât dans l'obscurité, au cas où elle viendrait à se réveiller.

Mademoiselle Miroy avait gardé la connaissance exacte de sa chambre. Peut-être dans ce moment voyait-elle clair dans les ténèbres. Du fauteuil elle arriva à la commode, de la commode à la porte, de la porte à l'escalier : des deux mains elle s'accrocha à la rampe, descendant lentement les marches une à une, comme un enfant qui essaye ses premiers pas.

Elle ne sentait ni le froid, ni la fatigue, ni la maladie depuis qu'elle avait entendu la voix chérie !

A peine mademoiselle Miroy était-elle au pied de l'escalier, qui donne dans un corridor menant à diverses parties du pavillon, qu'elle entendit une porte se fermer, puis des pas d'homme résonner dans la cour, et en même temps une petite chanson que l'heureux Perdrizet fredonnait, plein de gaieté de la charmante soirée passée en compagnie de madame de la Gorgette.

— Ta ra ta ta, chantait-il d'un ton joyeux en fermant la porte du corridor qui menait à son appartement.

Il n'eut pas le temps de terminer sa chanson. Son chapeau venait de s'envoler brusquement comme emporté par une trombe : une main froide et amaigrie s'emparait de son crâne, avec une étreinte qu'il reconnut pour l'avoir déjà subie.

— Encore une fois! s'écria une faible voix à laquelle M. Perridzet répondit par un cri perçant, car il crut avoir affaire à un fantôme.

Ces terribles doigts prenaient leur force de ce que les pouces des deux mains s'accrochant dans les embrasures des oreilles de faune de M. Perdrizet, les autres se joignaient sur le sommet du crâne qui, malgré son poli, était pris comme par huit étaux allongés.

— Cla... Cla... Cla... risse! s'écria M. Perdrizet en poussant un nouveau cri.

D'un brusque soubresaut il parvint à s'échapper, laissant tomber sans pitié sur le carreau mademoiselle Miroy, qui fut trouvée sans connaissance par la garde réveillée par ce bruit.

Le lendemain, le bruit se répandit que M. de Flamarens, prenant en pitié la malheureuse femme, avait mis en demeure M. Perdrizet de se prononcer entre elle et madame de la Gorgette. On parlait même à mots couverts d'un duel; une exagération de la coterie Gibassier.

Cependant, l'administration eut vent de ces désordres, qui eurent pour conclusion le départ de mademoiselle Miroy.

Comme madame de la Gorgette elle-même souffrait des calomnies qui troublaient sa tranquillité, on craignit un moment qu'elle ne devînt une nouvelle victime des galanteries du chef de bureau. Après une mercuriale sévère, M. Perdrizet promit de faire cesser ces bruits scandaleux en épousant madame de la Gorgette, et ce mariage, qui mit désormais un frein aux audacieuses séductions d'un homme trop inflammable, ramena la tranquillité dans l'Institution.

Pour M. Lobligeois, dont les absences devenaient trop fréquentes et ne pouvaient s'accorder avec le règlement, forcé d'opter entre une vie régulière ou la fréquentation des comédiens, l'amour l'emporta sur l'avarice; il préféra donner sa démission de pensionnaire et continua à dépenser sa fortune à nourrir la troupe. On a dit depuis qu'il était ruiné complétement, sans que Rosette lui eût accordé la moindre faveur.

Il y a six mois, madame Gibassier fut atteinte d'une maladie terrible qui semblait un châtiment de la Providence. A la suite de spasmes nerveux, ses mâchoires se roidirent; ses dents ne pouvant être desserrées par aucun moyen, on la nourrissait en lui introduisant du bouillon par un trou formé par deux molaires qui manquaient à la mâchoire inférieure : le club des femmes malades fut dissous, privé de son chef.

M. et madame Ravier continuent leurs duos et

reçoivent les samedis. Jacquem est on ne peut plus heureux, entouré de braves gens; pendant les séances de musique, il achève de colorier les planches du botaniste Cèdre pour la *Flore de Sainte-Périne*.

<small>Paris, hiver de 1857.</small>

FIN

APPENDICE.

C'est le chroniqueur d'une feuille très-répandue qui fournira matière à un appendice inusité dans les romans habituels. Depuis longtemps l'auteur avait perdu de vue ses personnages; en ouvrant par hasard un journal, il les retrouva fantastiques, noyés dans l'ombre de la nuit et se profilant déjà à l'état d'êtres légendaires.

« On se rappelle, dit le journaliste, l'ancien hospice de Sainte-Périne, la maison de vieillards qui a fourni à M. Champfleury le sujet d'un de ses ouvrages.

« Comme tant d'autres édifices, l'Institution de Sainte-Périne avait été condamnée à mort par M. Haussmann, et une rue nouvelle avait été ouverte sur son emplacement; mais une partie du terrain était restée sans destination.

« La Ville de Paris le met en vente au prix de cinquante mille francs; l'adjudication aura lieu dans quelques jours.

« Comme nous visitions ce terrain hier, une concierge du voisinage nous a raconté sur lui la plus extraordinaire histoire. Elle nous a affirmé avec une conviction robuste que les vieillards morts à Sainte-Périne y reviennent parfois la nuit.

« On les voit s'y promener au clair de lune, les vieux gentilshommes impalpables donnant le bras aux vieilles dames transparentes, suivies de roquets fantômes. Tout ce monde du passé se croise, se salue, s'offre du tabac, branle la tête comme aux jours d'autrefois. On voit parfois un vieux spectre de notaire ruiné baiser galamment la main d'une Muse qui a eu des malheurs. Puis, au chant du coq, tout disparaît.

« Mauvaise affaire pour celui qui achètera le terrain et fera construire un hôtel dessus! Les habitants de cet hôtel seront exposés à voir les vénérables vieux spectres entrer dans leurs chambres à coucher... Quelque peu superstitieux qu'on soit, il doit être fort désagréable de trouver à minuit un quart un fantôme de vieille demoiselle assis sur le pied de son lit [1]. »

[1] *Figaro*, août 1872.

E. PLON & Cie, IMPRIMEURS-ÉDITEURS
8, rue Garancière, Paris.

EXTRAIT DU CATALOGUE

HISTOIRE DE FRANCE

DEPUIS LES ORIGINES JUSQU'A NOS JOURS

PAR

M. C. DARESTE

ANCIEN RECTEUR DES ACADÉMIES DE NANCY ET DE LYON
CORRESPONDANT DE L'INSTITUT

Neuf volumes in-8° cavalier. Prix : 80 francs.

NOTA. — *Pour faciliter l'acquisition de l'ouvrage, les éditeurs consentiront des délais de payement aux personnes qui le désireraient.*

L'*Histoire de France* de M. Dareste, s'étendant jusqu'au règne de Louis XVI, a paru en six volumes et a obtenu le GRAND PRIX GOBERT de l'Académie française en 1867 et en 1868. Elle s'est augmentée en 1872 de deux volumes contenant le règne de Louis XVI, la Révolution et l'Empire. Nous y joignons aujourd'hui un neuvième volume comprenant la Restauration et se terminant par une analyse raisonnée des événements accomplis depuis 1830 jusqu'en 1871, c'est-à-dire jusqu'au moment où commencent les luttes et les passions actuelles.

Elle a ainsi l'avantage d'être plus complète qu'aucune autre de nos grandes histoires nationales.

Elle a un autre mérite, celui de présenter les faits, les révolutions, la politique du passé par le côté qui intéresse le plus aujourd'hui. « Les écrivains du dix-neuvième siècle, a dit Chateaubriand, ont un monde nouveau sous les yeux, et ce monde leur sert pour rectifier l'ancien monde. » Enfin l'auteur n'a pas un seul moment perdu de vue le but que M. Thiers assigne à l'historien : « Comprendre le passé et le faire comprendre. »

Elle est donc conçue dans des proportions qui en rendent la lecture accessible à tout le monde et lui marquent une place dans toutes les bibliothèques. Elle s'adresse à toutes les catégories de lecteurs, aux hommes d'étude qui ont besoin de ne pas perdre de vue l'histoire générale et philosophique, aux jeunes gens, aux gens du monde.

E. PLON et Cie. — Romans et Littérature.

Les Ménages militaires, par madame Claire DE CHANDENEUX. — I. *La Femme du capitaine Aubépin.* In-18. 2e édition. . . . 2 fr. 50
II. *Les Filles du Colonel.* In-18. 2e édition. 2 fr. 50
III. *Le Mariage du trésorier.* Un vol. in-18. 2e édition. Prix. . . . 2 fr. 50
IV. *Les Deux Femmes du Major.* Un volume in-18. 2e édition. Prix. . 2 fr. 50

Une fille laide, par madame Claire DE CHANDENEUX. Un vol. in-18. 2e édit. 3 fr. 50

L'Hetman Maxime, par E. MARCEL. In-18. . 3 fr. 50

Les Soirées amusantes, lectures des familles, par Émile RICHEBOURG. Douze volumes in-32. Prix de chaque volume. . . . . . . 75 c.

Le Tigre, par Alfred ASSOLLANT. In-18. . . 3 fr. 50

Vivante et morte, par André GÉRARD. In-18. . 3 fr. 50

Christiane, par André GÉRARD. Un volume in-18. 3 fr. 50

Un drame à Constantinople, par LEILA-HANOUM. Un vol. in-18. Prix. . . . 3 fr.

Les Rivalités : *Le Docteur Jacques Hervey*, par A. LAPOINTE. In-18. . . 3 fr. 50

Leurs Excellences, par BRADA. Un volume in-18. . 3 fr.
LE MÊME OUVRAGE. In-8° illustré. Prix. . . . . 5 fr.

La Comédie parisienne, par ANGE-BÉNIGNE. Un volume in-18. Prix. . . . 3 fr. 50

La Bâtarde, par René DE PONT-JEST. In-18. 3 fr. 50

L'Orpheline, par madame DE MOLÈNES. In-18. . 3 fr. 50

Théophile Gautier (*Souvenirs intimes*), par E. FEYDEAU. In-18. . . . 3 fr. 50

Ella Wilson, par C. DE VARIGNY. In-18. . . . 3 fr. 50

L'Idole d'un jour, par H. DE LA MADELÈNE. Un volume in-18. Prix. . . . 3 fr. 50

Le Sacrifice de Julia, par E. BILLAUDEL. Un vol. in-18. 2e édition. . . . . . 3 fr.

Jean Dagoury, par C. CANIVET. Un vol. in-18. 3 fr.

Les Embarras d'un Légataire, par H. VRIGNAULT. Un volume in-18. . . 3 fr. 50

Le Major Frans, par Albert RÉVILLE. In-18. . 2 fr. 50

L'Âme de Beethoven, par Pierre COEUR. Un vol. in-18. Prix. . . . . . 2 fr. 50

La Fille du Rabbin, par P. COEUR. In-18. . . 2 fr. 50

Héautontimoroumenos, — Berzélius, par P. COEUR. Un volume in-18. 2 fr. 50

Dans les Herbages, par G. LE VAVASSEUR. Un volume in-18. Prix. . . . 3 fr. 50

Légendes militaires : I. *Je suis du régiment de Champagne*; II. *Auvergne et Piémont*, par M. A. FIÉVÉE. Un volume in-18. . . 3 fr. 50

Le Sergent d'Armagnac, — le Ressuscité, par A. FIÉVÉE. In-18. . . . 3 fr. 50

E. PLON et Cie. — Romans et Littérature.

Un violon russe, par Henry GRÉVILLE. Deux vol. in-18. 5e édition. Prix . . . 6 fr.

Les Mariages de Philomène, par Henry GRÉVILLE. Un vol. in-18. 7e édition. 3 fr. 50

Bonne-Marie, par Henry GRÉVILLE. In-18. 6e édit. 3 fr.

Marier sa fille, par Henry GRÉVILLE. Un volume in-18. 12e édition. Prix. 3 fr. 50

L'Amie, par Henry GRÉVILLE. In-18. 8e édition. 3 fr. 50

Ariadne, par Henry GRÉVILLE. Un vol. in-18. 10e édition. Prix . . . . 3 fr. 50

L'Expiation de Savéli, par Henry GRÉVILLE. Un volume in-18. 3e édition. . 3 fr.

La Princesse Oghérof, par Henry GRÉVILLE. Un volume in-18. 9e édition. 3 fr. 50

Les Koumiassine, par Henry GRÉVILLE. Deux vol. in-18. 5e édition. Prix . . . 7 fr.

A travers champs. — Autour d'un phare, par Henry GRÉVILLE. Un volume in-18. 2e édition. Prix . . . 3 fr.

La Niania, par Henry GRÉVILLE. Un vol. in-18. 11e édition. Prix . . . . 3 fr. 50

Suzanne Normis (Roman d'un père), par Henry GRÉVILLE. Un vol. in-18. 8e édition. Prix . . . . 3 fr. 50

La Maison de Maurèze, par Henry GRÉVILLE. Un volume in-18. 8e édition. 3 fr. 50

Les Épreuves de Raïssa, par Henry GRÉVILLE. Un vol. in-18. 12e édition. 3 fr. 50

Dosia, par Henry GRÉVILLE. In-18, 20e édition. . 3 fr.

Sonia, par Henry GRÉVILLE. In-18. 13e édition. 3 fr. 50

Nouvelles russes. — *Stépane Makarief,* — *Véra,* — *L'Examinateur,* — *Le Meunier Anton Malissof*, par Henry GRÉVILLE. Un vol. in-18. 3e édition. 3 fr. 50

Pierrot ermite, comédie en un acte en vers, par Henry GRÉVILLE. In-18. . . 1 fr.

Dominique, par Eugène FROMENTIN. Un volume in-18 elzevirien. 3e édit. 3 fr. 50

La Marquise de Sardes, par Ernest DAUDET. Un volume in-18. 2e édition. 3 fr. 50

Madame Robernier, par E. DAUDET. Un volume in-18. 2e édition. Prix . . . 3 fr.

Clarisse, par Ernest DAUDET. Un vol. in-18. 2e édit. 3 fr.

Les Persécutées, par Ernest DAUDET. In-18. . 3 fr. 50

Daniel de Kerfons, par E. DAUDET. Deux vol. in-18. Prix . . . . 7 fr.

La Croix de Mouguerre, par madame Claire DE CHANDENEUX. Un vol. in-18. 2e édition. Prix . . . . 3 fr. 50

Les Giboulées de la vie, par madame Claire DE CHANDENEUX. In-18. 2e édit. 3 fr. 50

Le Lieutenant de Rancy, par madame Claire DE CHANDENEUX. In-18. Prix. . 3 fr.

Une faiblesse de Minerve, par madame Claire DE CHANDENEUX. In-18. . . . 3 fr.

Extrait du Catalogue général de la Librairie E. PLON et Cⁱᵉ.

COLLECTION
DES
CLASSIQUES FRANÇAIS

collationnés sur les meilleurs textes.

EN VENTE :

Boileau. — *OEuvres complètes.* Cinq volumes in-32. Prix . . . . 20 fr.

Bossuet. — *Discours sur l'histoire universelle, Oraisons funèbres.* Quatre volumes in-32. Prix . . . . 16 fr.

Corneille. — *OEuvres.* Douze volumes in-32. . . 48 fr.

Fléchier. — *Oraisons funèbres.* Un volume in-32. 4 fr.

La Bruyère. — *OEuvres complètes.* Trois volumes in-32. Prix . . . . 12 fr.

La Fontaine. — *Fables.* Deux volumes in-32. Prix. 8 fr.

La Rochefoucauld. — *OEuvres.* Un vol. in-32. 4 fr.

Molière. — *OEuvres complètes.* 8 vol. in-32. 32 fr.

Massillon. — *Avent, Petit Carême et Grand Carême.* Quatre volumes in-32. 16 fr.

Pascal. — *Pensées, Opuscules et Lettres.* Deux volumes in-32. Prix . . . . . 8 fr.

Pascal. — *Lettres provinciales.* Deux volumes in-32. Prix . . . . 8 fr.

Racine. — *OEuvres.* Quatre volumes in-32. . . 16 fr.

Racine. — *OEuvres diverses.* Quatre volumes in-32. 16 fr.

Regnard. — *Chefs-d'œuvre.* Deux volumes in-32. 8 fr.

Vauvenargues. — Trois vol. in-32. Prix . . . . 12 fr.

Cette collection, tirée à un petit nombre d'exemplaires, revue et imprimée avec le plus grand soin, s'adresse aux amateurs de livres. Elle est ornée de portraits finement gravés sur acier.
Il est tiré de chaque ouvrage quelques exemplaires numérotés, sur papier de Hollande, destinés aux bibliothèques d'élite.

E. PLON et Cie, Imprimeurs-Éditeurs, 10, rue ...

BIBLIOTHÈQUE DE ROMANS
à 1 franc le volume.

EN VENTE :

CHAMPFLEURY. — La Succession Le Camus, 1 vol.

MIE D'AGHONNE. — Mémoires d'un Chiffonnier, 1 vol.

ERNEST DAUDET. — Dolorès, 1 vol.

— Madame Sylvani, 1 vol.

EMM. GONZALÈS. — Les Sabotiers de la forêt Noire, 1 vol.

— Une Princesse russe, 1 vol.

— La Belle Novice, 1 vol.

ÉLIE BERTHET. — Le Pacte de famine, 1 vol.

— Les Drames du Cloître, 1 vol.

CHARLES DESLYS. — Le Mesnil-au-Bois, 1 vol.

— La Majorité de Mlle Bridot, 1 vol.

F. DU BOISGOBEY. — Le Tambour de Montmirail, 2 vol.

CONSTANT GUÉROULT. — La Bande Graaft, 1 vol.

PIERRE ZACCONE. — Le Courrier de Lyon, 1 vol.

A. DE LAVERGNE. — Le Lieutenant Robert, 1 vol.

— Épouse ou Mère, 1 vol.

PONSON DU TERRAIL. — Le Grillon du Moulin, 1 vol.

— Le Chambrion, 1 vol.

PAUL SAUNIÈRE. — Dette d'honneur, 1 vol.

H. DE LA MADELÈNE. — Les Fonds perdus, 1 vol.

RAOUL DE NAVERY. — Une Erreur judiciaire, 1 vol.

HIPPOLYTE AUDEVAL. — Les Fraudeurs, 1 vol.

ADRIEN ROBERT. — Le Combat de l'Honneur, 1 vol.

LÉON GOZLAN. — Les Martyrs inconnus, 1 vol.

— Histoire de cent trente femmes, 1 vol.

ARMAND LAPOINTE. — Le Bonhomme Misère, 1 vol.

Pour paraître prochainement :

ÉLIE BERTHET. — Tête-à-l'Envers, 1 vol.

EN PRÉPARATION :

Romans de MM. H. Audeval, Élie Berthet, F. du Boisgobey, Ernest Daudet, Charles Deslys, Constant Guéroult, Raoul de Navery, Emmanuel Gonzalès, A. de Lavergne, Ponson du Terrail, Paul Saunière, Pierre Zaccone, etc., etc.

PARIS. TYPOGRAPHIE DE E. PLON ET Cie, 8, RUE GARANCIÈRE.

www.ingramcontent.com/pod-product-compliance
Lightning Source LLC
Chambersburg PA
CBHW070628170426
43200CB00010B/1946